도서출판 대장간은
쇠를 달구어 연장을 만들듯이
생각을 다듬어 기독교 가치관을
바르게 세우는 곳입니다.

대장간이란 이름에는
사라져가는 복음의 능력을 되살리고,
낡은 것을 새롭게 풀무질하며, 잘못된 것을
바로 세우겠다는 의지가 담겨져 있습니다.

www.daejanggan.org

예수는 지금

지은이   프랭크 바이올라
옮긴이   이남하
초판발행   2016년 1월 15일

펴낸이   배용하
책임편집   배용하
교열교정   김준
등록   제364-2008-000013호
펴낸곳   도서출판 대장간
            www.daejanggan.org
등록한곳   대전광역시 동구 우암로 75-21 (삼성동)
편집부   전화 (042) 673-7424
영업부   전화 (042) 673-7424 전송 (042) 623-1424

분류   교회 | 선교 | 예수
ISBN   978-89-7071-367-0 (04230)

 값 10,000원

예수는 지금

그리스도께서 오늘날 하시는
사역의 베일을 벗기다

프랭크 바이올라
이남하 옮김

차 례

레너드 스위트

드루대학교 스탠리 존스 전도학과 석좌교수
조지 폭스 대학교 석좌초빙교수

평범한 것의 유래

삶의 모든 것에는 배경이 있다. 프랑스어 단어인 provenir는 "…으로부터 나옴, 연대기, 혈통"의 뜻을 갖고 있다.

그것은 구금, 소유권의 역사, 또는 소속의 의미까지도 내포한다. 명사로 사용되는 경우, 그것은 우리가 소중히 간직하는 어떤 것, 최초의 원천, 또는 근원에 배경이 있음을 암시한다. 이 단어는 우리의 문화에서 유물이나 골동품에 관한 얘기역사를 말할 때 일반적으로 널리 사용된다.

우리도 역시 그리스도인으로서 배경을 갖고 있는데, 그것은 우리 인생의 근원과 하나님 백성으로서의 우리 혈통, 즉 은혜와 경이로움의 특별한 혈통을 말해주는 그런 배경이다.

알다시피, 우리는 어떤 것에 이야기를 붙일 때마다 평범한 것을 신성한 축복의 특별한 선물로 승화시키는 것이다. 이야기는 인간 존재의 근원이다. 이야기 안에 우리 정체성의 유전자가 함유되어 있다. 우리가 이야기를 수용하고, 영양분을 주고, 먹이고, 소유할 때 우리가 누구인지를 발견하게 된다. 그리고 이야기를 통해 우리는 우리가 그렇게 되도록 고안된 바, 아름다운 꽃의 군락으로 만발하게끔 독려된다. 우리의 이야기들은 우리의 불가사의한 힘이요, 우리의 상상력이요, 성서를 여는 우리의 열쇠이다.

프랭크 바이올라는 이 책에서 여행에 동참하도록 당신을 초대한다. 그것은 당신이 예수님을 현재형으로, 선명한 색깔로 발견할 수 있는 놀랍고도 새로운 세계로 당신을 인도해줄 여정이다. 그렇게 함으로써, 당신이 누구인지 드러내는 이야기들을 발견하게 될 것이다.

밤새도록 진행된 대화로 역사상 가장 유명한 것은 C. S. 루이스와 J. R. R. 톨킨 사이의 대화이다. 그들은 해 질 때부터 해 뜰 때까지 불fire과 우화, 신성한 것과 세속적인 것, 이야기와 신화, 전설과 동화 등의 의미에 대해 토론했다.

루이스가 톨킨에 의해 다음과 같이 설득되었을 때 아침이 밝았다: "그리스도의 이야기는 간단하게 말하면 참된 신화이다. 그것이 다른 사람들에게나 우리에게 똑같은 방식으로 다가오는 신화이지만 [그리스도의 이야기]는 실지로 벌어졌다는, 이 엄청난 차이가 있다."

이 대화에 기초해서, 이 두 문학의 거성은 둘 사이에 이야기 화법을 분할했다. 즉, 루이스는 믿음의 대체 세계인 옷장 속으로 우리를 몰아넣었고, 톨킨은 공상의 대체 세계로 우리를 날아가게 했다. 그리고 세상은 이전과는 결코 같을 수 없었다.

모든 역사는 하나님의 사랑 이야기이다. 예수님의 이야기와 관계없이 시공간에서 벌어진 이벤트가 없고, 예수님과 관계없는 비유도 존재한 적이 없다. "모든 길은 로마로 통한다"는 말은 고대 로마인들의 자랑거리였지만, "모든 비유는 예수님께로 통한다"는 말이야말로 그리스도인의 삶에 있어 자랑이요 즐거운 여정이다.

유래출처 또는 기원, provenance는 이야기의 배후에 있는 이야기, 이야기와 함께 있는 이야기 그리고 이야기의 밑에 있는 이야기를 말해준다. 유래는 평범한 것 안에 깃든 이야기를 사람들이 듣고 경험한 증거이다. 유래는 이야기를 향상시키고 확증한다.

대부분의 그리스도인들은 예수님께서 이 땅에 계셨을 때 하신 일의 이야기를 알고 있다. 그러나 거의 알려지지 않은 예수님 이야기의 한 부분은 지금 곧 승천과 재림 사이에 예수님이 무엇을 하고 계신지에 관한 것이다.

프랭크 바이올라는 역사적 정황을 다루는데 있어 대가이다. 그리고 이 책『예수는 지금』은 우리의 이야기를 대본에 없는 영성에서 성서적으로 확립된 정체성으로 승화시킴으로써 어떻게 "그리스도화" 할 것인지를 보여주는 걸작이다.

당신은 피부에 싸인 이야기 그 자체이다. 당신의 삶의 구석구석을 뒤져보고 여기저기를 둘러보면, 잠재적인 것에서부터 역동적인 형태에 이르기까지 당신이 꺼내주기를 기다리는 이야기가 있다. 수많은 그리스도인의 이야기가 한번도 그리스도의 줄거리에 의해 그리스도화 되고 모양을 갖추어 성령의 입김이 주입된 적이 없는 이 때,『예수는 지금』의 출현이야말로 반갑기 그지없다.

예수님이 개입하시기 전까지, 우리는 신성한 것과 인간적인 것 사이에

간격을 두고 반대편에 서있었다. 바이올라가 쓴 모든 책을 읽은 다음, 특히 이 책을 읽고 난 후, 어째서 수많은 그리스도인이 이 둘 사이를 건너게 해주는 다리에 대해 칭찬하는데 그토록 인색한지는 그 어느 때보다 불가사의에 가까운 일일 것이다.

바이올라가 쓴, 예수님이 오늘날 하시는 사역에 관한 비유의 예리한 해석을 다 읽었을 때 내 마음에 확신이 섰다. 그것은 21세기에 예수님의 삶과 죽음과 부활의 유래를 밝히는 것이 우리의 사명이라는 확신이다. 이 책『예수는 지금』은 우리가 곧 예수님 이야기의 유래라는 것을 드러내준다.

이 책은 당신 자신의 삶 속에서 복음을 어떻게 써나갈 것인지 보여줄 것이다.『예수는 지금』은 우리 각자가 복음의 진정성에 기초하여 숫자에서 이야기로, 득점표에서 이야기책으로 옮겨가도록, 그리고 우리의 삶이 예수님 이야기의 지속적인 유래가 되도록 도전할 것이다.

지그문트 프로이트가 예로 들었다는 세 살짜리 남자아이의 이야기가 있다. 밤에 캄캄한 방에서 "아줌마, 나에게 말 좀 해주세요. 너무 캄캄해서 나 무서워요" 라고 소리 질렀다는 아이의 이야기이다.

그 아이의 아줌마가 다른 방에서 "네가 나를 볼 수 없는데 그게 뭐 도움되겠니?"라고 대답하자, 그 아이는 "상관없어요. 아줌마가 말할 때는 밝아져요"라고 말했다.

말을 하면 밝아지는가? 당신의 삶은 예수님 이야기의 믿을만한 유래인가?

우리 각자는 우리 존재 깊은 곳에 예수님 이야기를 갖고 있다. 예수님은 우리의 유래이다. 그리고 우리가 그것을 볼 수 있도록 해주는 성서는 우리의 참된 인증서이다.

그리스도 안에서 제자로 자라나는 것은 우리의 독특한 이야기를 예수님의 유래에 연결시키는 것이다. 바이올라의 책은 우리로 하여금 우리의 유래를 찾도록 도와준다. 즉, 이 책은 예수님과 연결되어 우리의 진정한 성서 이야기가 되는 우리 마음 속의 줄거리를 찾게 해준다. 프랭크 바이올라가 들려주는 이야기의 줄거리를 통해, 우리는 그리스도께 속한 사람들로서의 진정한 혈통을 발견할 수 있다. 그리고 구체화된 그리스도의 유래, 즉 범사를 하나님의 맑은 빛처럼 빛나게 하는 우리 마음 속의 이야기를 수용할 수 있다.

우리는 성서에 있는 예수님의 이야기들을 우리가 전시용으로 여기저기서 꺼내 보이는 골동품 그릇처럼 다룰 수도 있다. 아니면 우리 믿음의 이야기들을 통해 우리의 신성한 유산에 연결시키기 위해, 식탁에 둘러앉아 시간을 함께 보내는 가족처럼 하나하나를 소중히 다루고, 긴요하게 사용하고, 존중할 수도 있다.

이 책은 특별한 잔치의 요리를 담는 성서라는 그릇을 사용하는 책이다. 이 책에 있는, 그리스도께서 오늘날 하시는 사역을 가리키는 각각의 비유는 당신으로 하여금 하나님의 놀라운 사랑과 은혜를 맛보게 하고, 또 당신의 영혼을 엄청난 즐거움으로 감동시킬 것이다.

예수님의 이야기는, 과거와 현재 둘 다, 제자도의 양식food이다. 맛보고 확인하기를 바라며.

■ 서론 ■

예수님은 지금 무엇을 하시는가?

낙하지점을 160km 이상 벗어나서 나무가 우거진 숲에 떨어진 스카이다이버에 관한 재미난 이야기가 있다. 나무에 매달려 줄이 엉킨 상태에서 삽시간에 어둠이 닥쳐와 공포에 휩싸인 채, 그는 도와달라고 소리치기 시작했다. 몇 분이 지난 후에, 산보를 나온 한 남자가 그를 우연히 발견했다.

"거기 누구 없나요? 도와주세요. 제가 어디에 있습니까?"라고 그가 나무 사이에서 소리쳤다.

남자가 대답했다. "당신은 나무 사이에 걸려 있고, 내려올 수 없습니다. 그리고 숲에 둘러싸여 있고, 날은 저물어갑니다."

그러자 스카이다이버가 그에게 말했습니다. "무슨 운명의 장난으로 구조자가 하필이면 목사란 말인가!"

이 말을 듣고 그 남자가 너무 놀라서 자신이 목사라는 것을 어떻게 알아 맞췄냐고 물었다.

나무에 매달린 사람이 이렇게 대답했다. "글쎄요, 내가 당신이 목사가 틀림없다고 가정한 이유는, 당신의 대답이 아주 정확할 뿐만 아니라 나를 돕는데는 전혀 쓸데없는 말이었기 때문입니다."

목사들은 보통 이 이야기를 들을 때 재미있어 한다. 왜냐하면, 부분적으로 그것에 일말의 진실이 담겨 있기 때문이다. 영적인 것들에 관한 우리 대화의 상당한 부분은, 그것이 좋은 것이고 또 아주 정확한 것일지라도, 영향력이 거의 없다. 그것은 대부분의 학문적 또는 철학적 사조의 비평에 의해 표적이 되는 기독교뿐만 아니라, 또한 우리가 실제로 사는 곳으로 우리에게 다가오기가 힘들기는 마찬가지이다.

오늘날 "좋은 소식"에 관해 내가 갖고 있는 가장 큰 관심 중 하나는 우리가 종종 실제적인 것보다는 참된 것에 더 치중하는 복음을 제시한다는 사실이다. 이것은 우리가 우리 믿음 전체의 주제요 실행자이신 예수 그리스도를 얘기할 때 더욱 그렇다.

생각해보라. 그 이야기는 모든 그리스도인에게 익숙하다. 복음은 예수님께서 이 땅에서 하신 사역을 우리에게 소개한다. 예수님은 베들레헴에서 태어나셨고, 그가 목수로 일했던 나사렛이라는 곳의 불우한 환경에서 자라나셨다. 그리고 30세쯤 되었을 때 침례자세례자 요한에 의해 요단강에서 침례세례를 받고 사역을 시작하셨다.

흥미로운 것은 예수님의 사역 기간이 4년도 채 되지 않았다는 사실이다. 그는 예루살렘 밖에서 십자가에 못박히셨고, 죽으셨다가 사흘 후에 다시 살아나셨고, 부활한 상태로 이 땅에 40일 동안 계셨다. 그리고 나서 하늘로 오르신 다음 하나님 아버지의 우편에 앉아계신다.

레너드 스위트와 나는 우리가 공동 집필한 *Jesus: A Theography*에서, 창세기부터 요한계시록까지에 있는 성서적 자료를 총망라해서 예수님의 지상 사역에 관한 놀라운 이야기를 다시 썼다. 우리는 또한 창세 전에 계시던 예수님의 선재preexistent state에 관한 것과 세상 끝에 재림하실 예수님의 약속에 관한 내용을 다루었다.

내가 알기엔, 예수님께서 오늘날 하시는 사역을 다룬 책은 거의 없다. 내가 "오늘날 하시는 사역" 이라고 할 때 그것은 예수님께서 승천하신 이후에 해오신 일과 재림 때까지 계속 하실 일을 가리킨다.

여기에 이 책이 지향하는 목표가 놓여있다. 그것은 그리스도께서 오늘날 하시는 사역을 탐구하는 일이다. 그리고 다음의 질문에 대한 답을 찾는 것이다: 예수님께서 지금 이 순간 무엇을 하고 계신가, 그리고 그 오늘날 하시는 사역이 나에게 어떻게 유용한가?

우리가 예수님이 이 땅에서 하셨던 사역에 관해 상고할 때 다음과 같은 것들이 대두된다:

예수님은 하나님 나라의 복음을 전하셨다.
예수님은 그분의 아버지를 계시하셨다.
예수님은 병든 자를 고치셨다.
예수님은 기적을 행하셨다.
예수님은 귀신을 내쫓으셨다.
예수님은 가난한 자들을 먹이셨다.
예수님은 죄인들의 친구가 되셨다.

예수님은 종교인들을 꾸짖으셨다.

예수님은 제자들을 훈련하고 파송하셨다.

예수님은 십자가를 지심으로 타락의 결과를 처리하셨다.

예수님은 죽음에서 부활하시고 새 창조를 시작하셔서 세상의 주인이 되셨다.

그리고 나서, 예수님은 하늘로 오르셔서 자신의 권위와 능력의 자리에 앉으셨다. 하지만 예수 그리스도는 아버지의 오른편에 앉아서 이 땅으로 돌아오기를 수동적으로 기다리시지 않는다. 그렇다. 예수님은 오늘날도 여전히 활동하신다. 그리고 영광 중에 계신 인자는 아주 구체적인 사역을 갖고 계신다.

예수님은 자신의 인격과 계획과 목적에 있어 "어제나 오늘이나 영원토록 동일" 하시다.히13:8 그렇지만, 주님의 사역에 관해서는 "육체에 계실 때"히5:7 이후로 어느 정도 변화가 있었다.

우리는 이 책에서 오늘날 그리스도께서 하시는 사역의 다른 측면을 알아볼 것이다. 우리는 예수님께서 지금 무엇을 하고 계시며 그것이 당신과 나에게 어떤 연관성이 있는지를 찾아낼 것이다.

히브리서 13장 8절의 "어제"는 그리스도의 지상 사역뿐만 아니라 그분의 창세 전 사역에 염두를 두고 있다. "오늘"은 그리스도께서 오늘날 하시는 사역에, "영원토록"은 영원으로 연결되는 그리스도의 사역에 염두를 두고 있다.

이 책에서 우리는 오늘날 그리스도께서 하시는 사역에 초점을 맞추게 될 것이다. 간단히 말하자면, 『예수는 지금』.

　　시작해보자.

영광 중에 계신 인자

영광 중에 인자가 계시네

자신의 생명 나 위해 주시네.

그는 순결하고 거룩하며

의기양양하고 자유롭다네.

그는 지혜롭고 사랑스러우며

얼마나 부드러운지!

그의 생명 영광 중에,

내 생명도 영광 중에.

그의 생명 영광 중에,

내 생명도 영광 중에.

영광 중에 인자가 계시네

자신의 생명 나 위해 주시네.

그는 사탄을 물리치고

속박에서 해방되었네.

생명 안에서 다스리는 그가

얼마나 늠름한 왕인지!

그의 생명 영광 중에,

내 생명도 영광 중에.

그의 생명 영광 중에,

내 생명도 영광 중에.

영광 중에 인자가 계시네

자신의 생명 나 위해 주시네.

그의 안엔 병도 없고

그는 연약함도 없네.

그는 강하고 왕성하며

얼마나 활기가 넘치는지!

그의 생명 영광 중에,

내 생명도 영광 중에.

그의 생명 영광 중에,

내 생명도 영광 중에.

영광 중에 인자가 계시네

자신의 생명 나 위해 주시네.

그의 평안은 변함없고

얼마나 인내심이 깊은지!

그는 기쁨이 넘치고 눈부시며

그가 간절히 보기를 원하는 것은

영광 중의 그의 생명이

내 안에서 살아 숨쉬는 것

영광 중의 그의 생명이

내 안에서 살아 숨쉬는 것.

- Mary E. McDonough, 1787 -

제1장

큰 대제사장

그러므로 우리에게 큰 대제사장이 계시니 승천하신 이 곧 하나님의 아들
예수시라 우리가 믿는 도리를 굳게 잡을지어다.
히브리서 4장 14절

나는 우리의 큰 대제사장이신 예수님을 생각할 때 전에 들었던 얘기 하나가 떠오른다. 그것은 큰 강 옆에 있던 마을의 외곽에서 여러 세대에 걸쳐 살았던 그 지역의 제사장인 성인들에 관한 이야기이다. 그 중 한 성인의 때에, 강이 범람해서 그 동네가 큰 위험에 처하게 되었다.

그러자, 남녀 할 것 없이 그 제사장에게 와서 간청하기를 하나님께 기도해서 그들을 구해달라고 했고, 그는 그렇게 하겠다고 했다. 그는 자기만 아는 비밀 장소로 들어가 거룩한 말로 주님께 은혜를 구했다. 기적적

으로 그 마을은 구출되었고, 그 제사장이 사는 동안엔 아무 일도 없었다.

그러나 결국 그 성인은 세상을 떠났고, 그 마을은 또다시 홍수로 말미암아 위기에 처하게 되었다. 마을의 원로들이 그 제사장이 키운 후계자에게 와서 그들을 대신해서 하나님께 간구하기를 간청했다. 그래서 이 성인도 두렵고 떨리는 마음으로 하나님께 은혜를 구했다. 그러나 그는 그 비밀 장소가 어딘지를 잊어버렸기 때문에, 그냥 주님 앞에서 거룩한 말로 이렇게 기도했다. "오 하나님, 당신은 작디 작은 지역의 신이 아닙니다. 하늘이 당신의 보좌이고 땅 전체가 당신의 발등상입니다! 당신에게 비밀 장소가 무슨 필요가 있겠습니까? 그러나 제 입에서 나오는 이 말을 향기로운 제물로 받으시고 그것이 당신에게 합당하다면 이 마을을 구하여 주옵소서."

그러자 주님께서 그 기도를 응답하셔서 그 마을은 위기에서 벗어났다. 그리고 그 성인이 사는 동안 그 마을은 안전했다. 그러나 그가 죽고 나자 또다시 그 마을에 위기가 닥쳤다. 마을 지도자들이 직전의 제사장이었던 성인의 제자를 찾아 그의 전임자들이 그의 앞에서 행했던 대로 해달라고 간청했다. 그런데 문제가 딱 하나 있었는데 그것은 그가 비밀 장소와 거룩한 말 둘 다를 잊어버린 것이었다. 그래서 그는 그냥 하나님 앞에 와서 다음과 같이 전능자에게 속삭였다. "주님, 당신은 이 땅의 어느 한 곳에서만 찾을 수 있는 분이 아니고, 또 특별한 말을 해야 들어주시는 분도 아닙니다. 왜냐하면, 당신은 말로 표현하기에는 너무나도 심오하신 분이기 때문입니다. 그러니 당신은 이 평범한 말로 드리는 저의 기도를 들어주실 줄 믿습니다. 강물을 잔잔케 하셔서 이 마을을 구하여 주옵소서!" 그러자 하나님께서 손을 들어 그 마을을 구해주셨다.

그러나 이 성인 또한 늙어 죽었고, 이번에도 그의 후계자가 마을을 대신해서 하나님 앞에 부르심을 받았다. 그렇지만, 이 제사장은 불쌍하기 그지 없었다. 그는 비밀 장소도, 거룩한 말도 알지 못했고, 기적을 믿지도 않았다. 그래서 마을 사람들이 그에게 왔을 때 그는 그저 아무 말도 없이 그들을 쳐다보기만 했다.

그러다가 마침내 그가 일어나서 외투를 걸치고 작업용 장갑을 끼더니 어안이 벙벙한 마을 사람들에게 이렇게 말했다. "자, 우리가 할 일이 많습니다. 마을을 높은 지대로 **옮겨야**만 합니다!" 그들이 제사장의 집을 나서자 보이지 않는 두 사람이 그늘에서 나타났다. 하나님과 천사 중 하나였다.

하나님께서 웃으시며 사람들이 방금 전 간 곳을 향해 고개를 끄덕이시며 말씀하셨다. "이 마지막 제사장이 가장 내 맘에 든다. 실은 그가 가장 나와 닮았단다. 그가 다른 제사장들이 할 수 없었던 것을 했기 때문이다. 그들은 모두 다 특별한 말을 했고 특정한 장소에서 힘을 쏟았다. 그러나 지금 이 제사장은 나의 일에 **합류했다**. 그는 변화에 대해 말만 하는 대신 변화 자체가 되려고 마음을 썼다!"

나는 이 짧은 이야기를 좋아한다. 하나님은 그저 일련의 종교의식에 정성을 쏟는 것보다 실질적으로 사람들을 사랑하는 것에 더 관심이 있으시다. 이런 맥락에서 우리는 우리의 진짜 대제사장이신 예수 그리스도께 관심을 집중해야 한다. 예수님이야말로 소매를 걷어붙이고 우리 삶의 그늘진 곳에서 우리와 함께 하시는 분이다. 대제사장의 역할은 이런 점에서 매우 실제적이다.

우리는 우리의 큰 대제사장으로서 예수님이 하시는 사역을 이해하기 위해서 구약 시대에 대제사장이 어떤 역할을 했는지 재검토할 필요가 있다.

특히, 이스라엘의 대제사장은 백성 앞에서 하나님을 대표했고 또 하나님 앞에서 백성을 대표했다. 이것은 우선 기능적인 역할이었다. 그것은 백성을 대표해서 대제사장과 하나님 사이에 실제적으로 벌어져야 하는 일이었다.

대제사장은 일년에 한번 성전의 지성소에 들어가서 흠 없고 점 없는 짐승의 피로 제사들 드렸다. 그 짐승의 피는 일년 내내 백성이 지은 죄들을 속하기 위함이었다.

대제사장은 먼저 자신을 위해, 그 다음은 백성을 위해 제사를 드린 후에 짐승의 피를 지성소에 갖고 들어가서 하나님의 보좌로 알려진 속죄소 위에 그 피를 뿌렸다.

그렇지만, 짐승의 피가 하나님 백성의 죄를 덮었다 할지라도 그것이 죄의 뿌리를 없앨 수는 없었다. 아울러, 그것이 백성의 양심을 깨끗하게 할 수도 없었다. 이스라엘은 여전히 죄책감과 정죄 의식에 시달렸다.

히브리서는 우리의 큰 대제사장이신 예수 그리스도를 제시하는 데에 지면을 많이 할애한다. 그는 예수님의 예표와 그림자인 구약 시대 대제사장의 성취였다.

사실, 히브리서는 대제사장이신 예수님께서 오늘날 하시는 사역이라는 주제에 맞춰있다. 이 주제를 종종 놓치기 쉬운데 그것은 히브리서의 저자가 가진 생각의 흐름을 바꾸는 다섯 가지 경고성 삽입구 때문이다. 그 경고는 다음의 본문들에서 찾을 수 있다.

히브리서 2장 1–4절

히브리서 3장 7절–4장13절

히브리서 5장 11절–6장20절

히브리서 10장 26–39절

히브리서 12장 15–29절

당신이 이 다섯 가지 경고를 빼고 히브리서를 읽는다면, 처음부터 끝까지 명확하고 연속적으로 전개되는 대제사장으로서의 그리스도의 사역을 알게 될 것이다.

더 큰 대제사장

매년 백성의 죄를 속하기 위해 짐승이 흘린 피를 가지고 지성소에 들어가야 했던 구약의 대제사장과는 달리, 예수 그리스도는 자신의 피로 단번에 하늘의 지성소에 들어가셨다.

예수님은 이 제사로 우리를 위해 영원한 속죄를 하셨다.히9:12-28

그러나 이것이 전부가 아니다.

예수님께서 자신의 흘리신 피로 우리의 과거와 현재와 미래의 죄를 전부 사하셨을 뿐만 아니라, 또한 십자가에서 죄의 권세도 멸하셨다.

우리가 알거니와 우리의 옛 사람이 예수와 함께 십자가에 못 박힌 것은 죄의 몸이 죽어 다시는 우리가 죄에게 종 노릇 하지 아니하려 함이니 이는 죽은 자가 죄에서 벗어나 의롭다 하심을 얻었음이라.롬6:6-7

그뿐 아니라, 그리스도의 피는 하나님의 거룩하심을 충족시키면서 우리의 양심을 깨끗하게 하고, 우리의 죄책감을 없애고, 우리의 수치심을 제거하고, 우리의 정죄 의식을 삭제해버렸다.

이 모든 것이 새 언약을 옛 언약보다 훨씬 더 강력하게 한다.

더 나은 언약

내가 관찰한 바로는, 오늘날 많은 그리스도인이 새 언약의 백성이라기보다는 옛 언약의 백성처럼 살고 있다. 히브리서에 의하면, 새 언약이 옛 언약보다 한참 월등하다.히8:6 이것은 예수님께서 다른 어떤 제사장보다 크시기 때문이다. 그래서 예수님이 우리의 "큰 대제사장"이라고 불리는 것이다.

아브라함과 모세와 다윗이 하나님과 가졌던 친밀한 관계에 대해 생각해보라. 히브리서의 저자는 이 점에서 아주 주목할 만한 표현을 했다. 즉, 새 언약 아래 있는 사람들이 우리의 영적 조상들보다 더욱 더 하나님과 친밀한 관계를 갖고 있다는 것이다.

이 사람들은 다 믿음으로 말미암아 증거를 받았으나 약속된 것을 받

지 못하였으니 이는 하나님이 우리를 위하여 더 좋은 것을 예비하셨
은즉 우리가 아니면 그들로 온전함을 이루지 못하게 하려 하심이라.히
11:39-40

당신과 주님 사이의 관계가 아브라함이나 모세나 다윗의 그것보다 더
친밀한가? 만일 그렇지 않다면, 당신은 다른 수많은 그리스도인이 그렇
듯이 구약의 이스라엘 백성처럼 살고 있는 것이다. 하나님께서 자신의 귀
한 아들의 피로 인치신 새 언약을 당신에게 주셨는데도 말이다.

달리 표현하자면, 당신은 당신의 가능성과 하나님께서 당신에게 바라
시는 그것에 한참 못 미치는 저 밑에서 살고 있다.

깨끗하게 된 양심

우리가 하나님과 함께 누려야 할 무제한의 교제를 방해하는 것은 우리
의 양심 안에 있는 죄라는 존재이다. 그러나 대제사장인 예수님께서 하시
는 사역은 우리의 양심을 깨끗하게 한다. 이것은 그리스도의 피가 우리를
종종 약하게 하는 죄책감과 수치심과 정죄 의식을 제거한다는 뜻이다.

히브리서의 저자는 황소와 염소의 피가 결코 하나님 백성에게서 죄의
식을 없앨 수 없다고 주장했다.히10:2 이것은 구약의 대제사장이 염소와
황소의 흘린 피로 백성의 죄를 덮을지라도 백성은 언제나 자신들의 부도
덕을 의식했음을 의미한다. 그들이 갖고 있던 죄책감은 여전했고, 그들의
양심도 그들을 계속 정죄했다.

이와는 대조적으로, 예수님의 피는 우리에게 순전하고 깨끗한 양심을 갖게 해서 우리가 마치 전혀 죄를 지은 적이 없다고 느끼도록 우리 마음에서 죄의식을 제거한다.히9:1-14, 10:1-22

어떻게 이런 일이 있을 수 있는가? 그것은 그리스도의 피가 하나님을 만족시키기에 충분했기 때문이다. 그 피가 당신과 나를 용서하기에 충분했다. 그리고 하나님은 용서하신 다음 기억하시지 않는다. 히브리서의 저자는 새 언약의 한 부분이 하나님께서 "그들의 죄를 다시 기억하지 아니하리라"고 하신 것임을 두 번 기록하고 있다.히8:12, 10:17

결과적으로, 이 땅에서 죄책감을 전혀 느끼지 않아야 할 유일한 사람들은 그리스도인들이다. 우리는 이 책에서 나중에 이것에 대해 자세히 살펴볼 것이다.

사랑하는 자 안에서 인정되다

나는 하나님이 예수 그리스도 안에서 우리를 있는 그대로 온전하고 완벽하게 받아주셨음을 항상 상기하는 것이 중요하다고 생각한다. 그러므로, 하나님께서 받아주셨음을 당신의 환경이나 당신의 행실로 판단하는 것은 잘못이다. 수많은 그리스도인이 종교적 행위를 답습하는 것에 묶여 있다. 그들은 자신들의 행위를 하나님 안에서 그들이 어느 위치에 서있는지의 척도로 삼는다.

기독교 텔레비전이나 라디오를 켜면 오늘날의 설교자들 상당수가 정죄의 메시지를 쏟아낸다. 그 메시지는 다음과 같이 요약될 수 있다: "당신이 하나님을 기쁘시게 하려면 더욱 더 헌신해야 합니다." 우리가 혼신의 힘을 다해 우리 자신의 에너지를 쏟아 "두렵고 떨림으로" 우리의 구원을 '이루어야' 한다고 그들은 말한다.빌2:12 그것은 엄청난 노력을 요한다.

이것이 내가 명명한 바 "유령 기독교인 증후군Phantom Christian Syndrome"을 태동시킨다. 유령 기독교인이란 당신을 당신 자신과 비교하게 하는 상상 속의 자아이다. 당신은 유령 기독교인을 보고 스스로 이렇게 생각한다: 언젠가 나는 이렇게 될 것이다. 나는 좋은 그리스도인이 되려고 더 열심을 낼 것이다.

이것을 분명히 해야 한다. 우리는 매일 우리 믿음의 여정을 시작하던 첫날 했던 것과 똑 같은 방식으로 그리스도께로 향한다. 그 방식은 우리 자신의 노력이 철저하게 무력하다는 것을 알고 구세주만이 우리를 고치시고 인도하시는 분이라는 자세를 말한다. 골로새서 2장 6절이 이것을 잘 표현해주고 있다: "그러므로 너희가 그리스도 예수를 주로 받았으니 그 안에서 행하되." 주님이 어제나 오늘이나 영원토록 동일하시다는 사실 때문에 우리는 우리 맘속에 주님의 은혜와 역사가 절대적으로 필요하다는 자세를 항상 고수한다. 우리는 결코 이 선을 넘어서지 않는다. 우리가 절대적으로 죄 없으신 그리스도 자신의 완전함 안에 거할 수 있는 것은 오직 그리스도의 흘리신 피에 의해서이다. 예수님의 완전함은 그분의 피로 말미암아 우리에게 제공된다.

그리스도의 피가 하나님의 거룩한 의를 충족시키기에 충분하지 않은가? 그 피가 하나님의 요구를 충족시키기에 충분했다는 것이 사실이라면 더는 거론할 필요가 없다. 주님의 완전함은 당신을 대신해서 흐르고 있다. 예수님은 당신과 하나님 사이에 하나님의 흠 없는 어린 양으로 서 계신다.

따라서 만일 당신이 회개하고 그리스도를 신뢰했다면 바로 지금 당신은 주님의 완전함 안에 서있는 것이다.

이것은 선물이다. 당신은 그것을 얻어내기 위해 아무것도 한 것이 없다. 만일 당신이 당신 스스로 서기를 택한다면 정죄 받은 양심을 계속 갖게 될 것이다. 그리고 당신을 참소하기 위해 유령 기독교인이 등장해서 당신은 종교 행위를 답습하는 옛날로 되돌아가고 말 것이다.

거룩하신 하나님께서 당신을 받아주시는 것은 노력이나 공로의 문제가 아니다. 그것은 그리스도께서 무엇을 하셨는지에 달려있다. 하나님은 당신을 위해 흘리신 그리스도의 피에 의해 당신과 화목하셨다.

따라서 하나님께로 나아가는 것이 절대로 당신의 공로나 행위에 기초할 수 없다. 그것이 좋든 나쁘든 관계없이. 그것은 언제나 오직 그리스도의 피에 기초한다.

달리 말하자면, 당신의 의는 당신의 행위가 아닌 다른 분의 행위에 기초한다. 이런 이유로, 당신은 하나님께 더 인정받기 위해 당신의 대제사장이신 예수님께서 이미 당신을 위해 갈보리에서 하신 일에 더하여 아무것도 할 수 없다.

당신은 그것에 더할 수도 없고 그것에서 아무것도 뺄 수 없다.

지성소로 들어가는 길

하나님께서 우리를 받아주시는 것은 결코 우리의 행위나 외부 조건에 기초할 수 없다. 그것은 언제나 그리고 영원히 그리스도께서 다 이루신 일에 기초한다. 그리고 그 일은 끝났고 완성되었다.

> 그러므로 형제들아 우리가 예수의 피를 힘입어 성소에 들어갈 담력을 얻었나니 그 길은 우리를 위하여 휘장 가운데로 열어 놓으신 새로운 살 길이요 휘장은 곧 그의 육체니라 또 하나님의 집 다스리는 큰 제사장이 계시매 우리가 마음에 뿌림을 받아 악한 양심으로부터 벗어나고 몸은 맑은 물로 씻음을 받았으니 참 마음과 온전한 믿음으로 하나님께 나아가자. 히10:19-22

결과적으로, 당신과 나는 그리스도의 피에 기초해서 하나님의 보좌 앞에 들어갈 영구적인 자격을 얻었다. 예수 그리스도가 하나님께서 당신을 받아주시는 근거이다. 하나님께서 당신을 그의 사랑하시는 자 안에서 받아주셨다. 엡1:6 하나님께서 당신을 그리스도 안에 두신 것이다.

하나님께서 총애하시는 존재는 전적으로 하나님의 아들뿐이다. 그러나 복음의 좋은 소식이 여기 있으니 그것은 당신이 그리스도 안에 있다는 사실이다.

그렇기 때문에, 사탄의 주요 공격은 그리스도 안에 있는 당신을 그 자리에서 끌어내리려는 것이다. 그것은 하나님께서 당신을 받아주신 것에 의문을 품도록 하는 것이다. 또한 하나님과 함께 있는 당신의 자격에 의

문을 품도록 하는 것이다. 그것은 당신을 참소하고 죄책감과 정죄 의식 아래로 당신을 돌아가게 하는 것이다.

하나님의 사랑과 인정을 얻으려고 당신 스스로 뭔가 해야 한다는 생각은 마귀의 모든 특징을 드러낸다.

마귀의 주요 무기는 참소하는 것이다. 영어의 **마귀**Devil라는 말의 뜻은 "중상모략 하는 자 또는 참소하는 자" 이다. 우리 대적의 본성은 우리 그리스도인들을 중상모략 하고, 비방하고, 참소하는 것이다.

마귀의 영적 공격에 대처하는 방법은 그리스도의 피를 통해 당신 자신을 깨끗한 양심으로 무장하는 것이다. 그 피는 사탄의 무차별적인 참소에 맞서는 신성한 무기이다.

하지만 당신의 신앙 생활에서, 하나님이 보시듯이 당신도 그 피의 가치와 의미를 믿고 받아들이는 자리로 가야 한다. 당신이 그리스도의 피가 하나님의 요구를 완전히 충족시켰음을 믿는 그 자리로 가야 한다는 말이다. 하나님께서 당신을 받아주시는 것은 예수님이 십자가에서 다 이루신 일을 통해 절대적이고 조건이 없다.

영적 성숙과 하나님을 기쁘시게 하는 것은 다른 문제이다. 우리는 나중에 다른 장에서 이 주제들을 다루게 될 것이다. 하지만 이것을 꼭 이해하기 바란다: 당신은 하나님의 호의와 인정을 받기 위해 하나님을 섬기는 것이 아니다. 당신은 하나님의 호의와 인정을 받았기 때문에 그것을 기초로 하나님을 섬기는 것이다. 그리고 이 둘 사이에는 엄청난 차이가 있다.

결과적으로, 하나님께서 우리를 받아주시는 근거는 그리스도께서 다 이루신 일이고히10:19; 요일1:7, 그렇게 받아주시는 범위는 우리가 그리스도 안에 있는 것이고고후5:21; 엡1:6-7, 그렇게 받아주셔서 우리가 누리는 평안은 믿음에 의해 하나님 은혜 안에서 우리가 서있는 위치이다.롬3:25, 5:1-2; 엡6:13-14

우리가 마귀를 향해 휘두를 수 있는 가장 큰 무기는 하나님의 아들이 우리를 대신해서 하나님을 절대적으로 만족시키셨음을 분명히 이해하는 것이다. 이것이 정죄에서 해방되는 길이다.롬 8:31-34

그래서 궁극적인 질문은 당신이 누구 편을 들 것인가 이다. 당신을 참소하는 자인가, 아니면 당신을 지지하는 자인가?

하나님은 아들의 피에 의해 당신을 참소하는 자에게 대답하신다. 그러므로 당신 자신을 보지 말고 당신의 대제사장을 바라보라. 당신이 대적을 물리치고 승리하는 것이 이것에 달려 있다.

손인가, 아니면 손가락인가?

당신이 혼동하지 않도록, 성령의 조명illumination과 대적의 참소 사이에 중요한 차이가 있음을 알아야 한다.

나는 그것을 손가락과 손의 차이라고 부른다.

이것에 대해 설명해보겠다.

사탄이 우리를 참소하는 방법 중 하나는 우리의 양심 안에서 절망과 좌절로 치닫게 할 정도의 정죄 의식과 가치가 없다는 생각으로 우리를 강압하는 것이다.

다시 강조하자면, 그리스도의 피의 능력 안에 거하는 것이 대적의 참소에 대처하는 길이다.

> 또 우리 형제들이 어린 양의 피와 자기들이 증언하는 말씀으로써 그
> 를 이겼으니.계12:11

하나님의 눈에는 그리스도의 피가 당신이나 내가 지은 어떤 죄보다 더 크게 보인다.

따라서 사탄의 주요 무기 중 하나는 하나님과 우리 사이의 교제를 방해하려고 참소하는 것이다. 사탄의 참소는 히브리서의 저자가 권면한 바 우리로 하여금 "은혜의 보좌" 앞에 "담대히" 나가는 것 히 4:16 에서 우리를 돌아서게 하는 것이다.

이와는 대조적으로, 성령은 우리를 감동하고 조명해서우리의 눈을 밝히셔서 우리가 회개하거나 그의 빛 아래 드러나도록 우리의 삶에 특정한 이슈를 제시한다.

성령의 조명은 손가락처럼 아주 구체적이다.

그리고 그것은 언제나 우리를 그리스도께로 향하게 한다.

우리의 대적이 참소할 때, 그것은 종종 모호한 죄책감과 정죄 의식과 무가치하다는 생각이다.

그것은 손처럼 구체적이지 않다.

손가락과 손 구별하기를 배우는 것, 즉 성령의 조명과 대적의 참소 구별하기를 배우는 것은 우리가 자기 성찰이라는 마비증세에 의해 연약해지지 않도록 해준다.

영적 여정에서 진전하게 하는 열쇠는 당신의 초점을 당신 자신이 아닌 그리스도께 맞추기를 고수하는 것이다.

예수님이 흘리신 피의 능력 안에 거하라. 그것만이 우리로 하여금 거룩함과 순전한 빛 자체이신 우리 아버지 앞으로 나오기에 합당하게 하는 유일한 길이다.

당신의 죄나 당신의 어리석음이나 그 어떤 것도 하나님께서 당신을 받아주시고, 사랑하시고, 용서하시는 것을 막을 수 없다.

A. W. 토저는 언젠가 주 예수님에 대해 이렇게 말했다. "주님은 당신에 대해 아는 데는 가장 형편 없으시고, 당신을 사랑하는 데는 가장 으뜸이신 분이다."[1]

이것이 복음이 아니면 그 무엇이 복음이라는 말인가!

그릇된 가르침

오늘날 기독교계에 퍼져있는 대부분의 오류들은 신약성서가 기록될 당시에도 있었다. 특히, 복음의 두 주적main enemy인 율법주의와 방탕주의죄 짓는 면허증가 둘 다 초기 교회에도 있었다.

갈라디아서는 율법주의자들을 향해 썼기 때문에 자유, 해방, 은혜에 관해 크게 강조되어 있다. 야고보는 하나님의 은혜에 편승해서 그 은혜를 죄 짓는 면허증으로 탈바꿈시킨 방탕주의자들을 향해 편지를 썼다. 따라서 야고보서에는 순종, 그 자체로 행함이 드러나는 믿음, 회개믿는 자를 위

---

1) A. W. Tozer, *And He Dwelt among Us* (Ventura, CA: Regal, 2009), 136.

한 그리고 거짓 믿음또는 착각이 강조되어 있다.

신약성서가 그리고 있는 하나님의 은혜는 놀랍고, 파격적이며, 신념 그 이상이다. 그렇지만, 어떤 그리스도인들은 율법주의에 대한 반작용으로 하나님의 은혜를 죄 짓는 면허증으로 왜곡시켰다. 흥미로운 것은 이것이 1세기에도 똑같이 벌어졌었다는 사실이다.

이는 가만히 들어온 사람 몇이 있음이라 그들은 옛적부터 이 판결을 받기로 미리 기록된 자니 경건하지 아니하여 우리 하나님의 은혜를 도리어 방탕한 것으로 바꾸고 홀로 하나이신 주재 곧 우리 주 예수 그리스도를 부인하는 자니라.유4

나는 여러 해 전에 새로 개척된 교회의 일원이었었는데, 그 교회 교인들 대부분이 종교적이고, 의무적이고, 율법적인 기독교에 기반을 둔 사람들이었다. 그 교회를 개척한 사람은 "파격적인 은혜"에 꽂힌 사람이었다. 그러나 그의 메시지는 균형이 잡히지 않았으므로, 하나님의 은혜가 죄 짓는 면허증이 아니고, 우리로 하여금 죄를 이기도록 가르치는 강한 힘이라는 것을 보여주는 신약성서의 본문들을 무시해버렸다.

모든 사람에게 구원을 주시는 하나님의 은혜가 나타나 우리를 양육하시되 경건하지 않은 것과 이 세상 정욕을 다 버리고 신중함과 의로움과 경건함으로 이 세상에 살고.딛2:11-12

그 결과, 방탕주의가 교회 안의 곳곳에 만연하게 되었다. 교인들은 "우리는 그리스도 안에서 자유롭다" 라든가 "우리는 율법 아래 있지 않고 은혜 아래 있다" 라는 기치 아래 보란 듯이 죄를 짓고, 심지어는 그런 죄들을 퍼뜨리기까지 했다.

요점: 만일 당신이 은혜를 선포한 모든 곳에서 부도덕한 삶이 발생한다면, 당신은 은혜를 선포한 것이 아니다. 은혜가 아닌 다른 무언가를 선포한 것이다.

내가 *Revive Us Again*이라는 책에서 지적한 바와 같이, 1세기의 교회에 있었던 세 가지 복음이 오늘날도 여전히 우리에게 있다. 그것들은 율법주의 복음, 방탕주의 복음 그리고 그리스도의 주 되심lordship과 자유의 복음예수님과 바울이 둘 다 선포한 복음 이다. 나는 제 7장에서 이 세 가지 복음에 관해 더 살펴볼 것이다.

어떤 사람들은 그리스도인들이 은혜 아래 있기 때문에 십자가를 지라는 것과 같은 예수님의 모든 "강한 표현"이 오늘날 우리에게는 적용되지 않는다고 그릇되게 가르친다. 사실, 어떤 이들은 십자가 이전에 예수님께서 가르치신 **모든 것**이 새 언약의 백성인 그리스도인들에게는 적용되지 않는다는 말까지 할 정도이다.

그러나 이런 가르침은 완전한 거짓이다. 예수님께서 하신 말씀 중 1세기의 유대인 풍습에 지역적인 뿌리를 둔 것들을 제외하곤, 대부분 오늘날 우리에게도 직접적으로 적용된다. 사실, 그 가르침은 신약성서의 편지들과 요한계시록을 통틀어 반복되고 있다.

나는 그리스도의 피와 그 능력으로 말미암아 그리스도인들이 죄의식을 느낄 필요가 없다는 견해의 열렬한 지지자이다. 그리고 우리는 심판에서 자유롭다.

그렇지만, 만일 그리스도인이 다른 사람이나 주님께 죄를 짓는다면, 그 사람은 양심에 가책을 받을 것이다. 내가 이미 밝혔듯이, 양심의 가책을 우리 대적의 참소와 혼동하면 안 된다. 양심의 가책은 성령의 **조명**illumination 이다. 바울은 그것을 이렇게 표현했다: "하나님의 성령을 근심하게 하지 말라."엡4:30

집에 경보장치를 설치해놓은 사람들이 있는데, 경보장치를 켜놓은 상태에서 누가 집 문을 열면 자동적으로 경보기가 울린다. 믿는 사람이 죄를 향해 문을 열 때도 비슷한 일이 벌어진다. 성령이 우리의 깨어난 양심에 가책을 일으키는 것이다. 이것은 우리가 위로부터 새롭게 태어날 때 장착된 영적 경보장치에 의해 자동적으로 일어나는 결과이다. 이 경보를 무시하거나 양심의 가책을 무시하면 손해를 입게 된다.

그리스도인들도 회개해야 하는가?

그렇다면, 당신이 금지된 문을 여는 즉시 성령이 당신의 양심에 가책을 일으킬 때 당신은 어떻게 하는가? 이에 대한 대답은 회개이다. 회개는 신약성서적 용어이다. 그것은 믿지 않는 사람들뿐만 아니라 믿는 사람들에게도 그들이 죄를 범하거나 죄의 태도를 가질 때 적용된다.그리스도인들에게 쓴 고린도 후서 7장을 참조할 것

바울이 고린도의 그리스도인들에게 한 말을 주목하라:

또 내가 다시 갈 때에 내 하나님이 나를 너희 앞에서 낮추실까 두려워하고 또 내가 전에 죄를 지은 여러 사람의 그 행한 바 더러움과 음란함과 호색함을 회개하지 아니함 때문에 슬퍼할까 두려워하노라.고후12:21

회개는 마음을 바꾼다는 뜻이다. 오늘날의 어떤 저자들은 그것을 마음의 유턴U-turn이라고 부른다. 회개하지 않은 죄민는 사람이 죄를 범하고도 자신의 마음을 바꾸지 않는 것는 당연히 우리의 영혼에 동요를 일으킨다. 그럴 땐, 우리의 양심을 간과해서는 안 된다. 왜냐하면, 예수님께서 우리의 죄를 위해 피를 흘리셨기 때문이다.

우리는 이런 식으로 말하면 안 된다: "그것은 죄책감이야. 그래서 나는 그것을 무시할거야. 예수님이 나의 모든 죄를 다 용서하셨으니까." 아니다. 그 내면의 감정과 불안과 후회는 우리가 그것을 처리할 때까지 계속 남아있을 것이다. 그것을 처리한다고 할 때 그 의미는, 양심의 가책을 일으킨 모든 것에 대해 우리의 마음을 바꾸고, 그 행위를 그치고, 그것에 해당하는 사람들에게 보상하는 것이다. 만일 우리가 무엇을 훔쳤다면 도로 돌려주고, 거짓말을 했거나 비방을 했다면 올바로 되돌려놓고, 누군가의 마음을 아프게 했다면 용서를 구해야 한다.

만일 성령이 속에서 찌를 때 양심을 계속 억누르고, 그리스도 안의 새로운 본성에 어긋나는 길로 가므로 생긴 영적 불안감을 계속 무시한다면, 그 사람은 자신의 양심을 "침묵"시킬 수 있고, 그 양심의 소리는 점점 줄어들고 만다.

이것은 당신과 내가 원하는 바가 아니다.

사실인즉, 우리의 모든 죄가 사함 받았을지라도 육신을 따라 행할 때 나타나는 영적인 결과가 있다. 성령은 인격이다. 진짜 인격이라는 말이다. 그리고 바울이 에베소서에서 말했듯이 우리는 성령을 근심케 할 수 있다. 또한 성령은 우리의 행위나 태도에 의해 소멸될 수도 있다.살전5:19

그리스도인이 성령을 근심케 할 때 그것이 그 사람의 양심을 건드린다. 이것은 "죄책감"이나 "정죄 의식"이 아니라 성령의 깨우침이다.

우리가 지은 죄를 후회하는 것은 우리의 삶 속에 하나님께서 일으키시는 역사의 열매인데, 우리가 성령을 향해 마음을 열면 성령이 우리로 하여금 그런 자세를 취하도록 할 것이다. 야고보는 유대에 있는 그리스도인들에게 말하면서, 죄를 범한 사람들이 자신을 낮추고 그들의 죄에 대해 슬퍼할 것을 권면했다.약 4:1-10 그리고 이것은 신약성서에 있는 내용이다.

피의 능력

히브리서는 "은혜의 보좌" 앞에 담대히 나가라고 우리를 권면한다.히 4:16 하나님의 사람들에 관한 한, 예수 그리스도는 심판의 보좌가 아닌 은혜의 보좌에 앉아계신다.

주님의 보좌는 주님을 믿고 따르기를 거부하는 사람들에게는 심판의 보좌이다. 하지만, 당신이 그리스도를 신뢰한다면 주님의 보좌는 은혜와 자비의 보좌이다.

그렇기 때문에, 만일 당신이 정죄 의식과 죄책감에 시달린다면 나는 당신에게 아래의 두 가지를 제안하고 싶다.

1. 당신이 알고 있는 모든 죄를 회개하라. 이것은 그 죄에서 돌아서라는 뜻이다. 만일 당신이 누군가에게 직접적으로 죄를 지었다면 그 사람에게 당신의 죄를 자백하라.

2. 예수님의 피가 하나님을 충분히 충족시켰고 그것이 하나님의 눈에는 당신의 죄보다 더 크게 보인다는 사실을 인정하라. 그러고 나서 주님의 용서를 믿음으로 받아들이라.

이것을 생각하라: 당신이 잘못한 것에 대해 죄의식을 느낀다면 당신은 기본적으로 자신을 우상시하는 것이다. 왜냐고? 당신이 자신의 견해를 하나님의 견해 위에 놓고 있기 때문이다.

인생엔 불확실한 것들이 많이 있다. 그러나 불확실하지 않은 것이 하나 있다. 그것은 당신을 위해 흘리신 예수님의 피 때문에 하나님께서 당신을 받아주셨다는 사실이다. 그러므로 그 피가 당신을 위해 실제로 한 일의 진실성으로 당신의 양심을 무장하라. 그리고 죄책감과 정죄 의식에서 자유하라.

그리스도의 피가 한 일

- 그리스도의 피는 죄를 사한다. 마26:28
- 그리스도의 피는 그 피를 마시는 자에게 생명을 준다. 요6:53

- 그리스도의 피는 우리를 그리스도 안에 거하게 하고 그리스도를 우리 안에 거하게 한다. 요6:56
- 그리스도의 피는 예수님께서 교회를 사시도록 한 수단이다. 행 20:28
- 그리스도의 피는 믿음으로 말미암아 예수님을 우리의 속죄 제물이 되도록 한 통로이다. 롬3:25
- 그리스도의 피는 우리를 의롭다 하고 하나님의 진노에서 우리를 구원한다. 롬5:9
- 그리스도의 피는 우리를 구속속량한다. 엡1:7; 벧전1:18-19; 계 5:9
- 그리스도의 피는 하나님으로부터 멀리 있던 사람들을 하나님 가까이로 인도한다. 엡2:13
- 그리스도의 피는 우리에게 죄 사함을 얻게 한다. 골1:14
- 그리스도의 피는 하나님과 화평하게 하고 화목하게 한다. .골1:20
- 그리스도의 피는 우리 위해 "영원한 속죄"를 이룬다. .히9:12
- 그리스도의 피는 살아계신 하나님을 섬기게 하려고 우리의 양심을 "죽은 행실"에서 깨끗하게 한다. 히9:14
- 그리스도의 피는 우리로 하여금 담대히 지성소에 들어가게 하는 통로이다. 히10:19
- 그리스도의 피는 "아벨의 피보다 더 나은 것"을 말한다. 히12:24
- 그리스도의 피는 우리를 거룩하게 한다. .히13:12
- 그리스도의 피는 "모든 선한 일"에 우리를 온전하게 한다. 히13:20-21
- 그리스도의 피는 "우리를 모든 죄에서 깨끗하게" 한다. 요일1:7
- 그리스도의 피는 이 땅에서 성령과 물과 함께 증거한다. 요일5:8

- 그리스도의 피는 예수님께서 우리를 씻으시는 수단이다. 계1:5, 7:14
- 그리스도의 피는 우리로 하여금 형제들을 참소하는 자를 물리치게 하는 수단이다. 계12:10-11

그리스도의 "보배로운 피"벧전1:19, 그리스도의 "뿌린 피"히12:24, "새 언약"의 피눅22:20, 우리를 위해 흘리신 "영원한 언약의 피" 히 13:20로 말미암아 하나님께 감사하라.

"생명은… 피에 있음이라."레17:11

우리의 대언자

우리의 큰 대제사장이신 예수님은 또한 우리 대언자로서의 역할을 수행하신다. 이것은 주님께서 우리를 대표해서 변호하는 피고측 의뢰인, 또는 변호사라는 뜻이다. 하늘의 가장 높은 곳에 앉아계시는 그리스도는 그분의 사람들을 위한 변호사이시지, 검사가 아니다.

예수님은 하나님 아버지께서 완전하게 받아주시는 하나님의 대리자이시다. 그렇기 때문에, 예수님은 하늘의 자원하나님의 은혜와 능력과 자비를 포함한을 그분의 사람들에게 거저 주시려고 준비해놓으셨다.엡 1:3

나의 자녀들아 내가 이것을 너희에게 씀은 너희로 죄를 범하지 않게 하려 함이라 만일 누가 죄를 범하여도 아버지 앞에서 우리에게 대언자 가 있으니 곧 의로우신 예수 그리스도시라 그는 우리 죄를 위한 화목

제물이니 우리만 위할 뿐 아니요 온 세상의 죄를 위하심이라. 요일2:1-2

예수님이 당신의 죄를 심판하기 원하는 성난 하나님 앞에서 당신을 위해 탄원하시는 것이 아니다. 그 대신, 그리스도는 당신의 대언자로 당신과 함께 계시면서, 당신과 당신의 창조주 사이의 교제를 가로막는 장애물들을 제거하신다. 예수님은 마귀 곧 "형제들을 참소하던 자"를 상대로 당신을 변호하신다. 계12:10

요한이 "아버지 앞에서 우리에게 대언자가 있으니"라고 한 것을 주목하라. 이것은 가족 안에서의 문제이다.

의는 하나님과의 올바른 관계를 의미한다. 그것은 부끄러움 없이 하나님 앞에 설 수 있는 자격이다. 당신이 죄를 범할 때 당신의 양심이 당신에게 알게 하는 것은 좋은 것이고 건강한 것이다. 하지만 "우리 형제들을 참소하던 자"로 불리는 하나님의 대적은 "밤낮" 당신의 양심 안에서 당신을 정죄한다. 계 12:10 여기에 문제가 놓여 있다.

그러나 하나님께 감사할 것은 당신을 변호하기 위해 당신을 대신해서 활약하는 존재가 있다는 사실이다. 더구나, 그는 자신이 변호한 대가로 수임료를 요구하지 않고, 재판에서 패한 적이 한번도 없다.

예수님은 우리의 대언자로서 우리를 변호하신다. 물론 우리 자신의 행위나 가치에 기초하지 않고 우리를 대신하는 주님의 공로에 기초해서 변호하신다.

우리는 그리스도의 피 덕분에 담대함과 확신을 가지고 하나님의 보좌 앞에 나갈 수 있다. 예수님은 우리의 연약함을 이해하고 동정하시는 대제

사장이시다. 왜냐하면, 주님은 "모든 일에 우리와 똑같이" 시험을 받으셨기 때문이다..히4:15

달리 말하자면, 대제사장으로서 예수 그리스도가 하시는 사역은 고통과 시험을 당하는 우리와 예수님 자신을 동일시하게 한다. 예수님이 완전하고 죄를 지으신 적이 없기 때문에, 우리는 종종 예수님을 우리와 우리의 연약함과는 연관 지을 수 없는 존재로 생각한다.

그렇다. 예수님은 완전하고 절대로 죄를 지으신 적이 없다. 그러나 주님도 우리에게 있는 모든 연약함과 우리가 당하는 모든 시험을 통과하셨다. 그렇기 때문에, 예수님은 우리가 어려움을 겪을 때 친히 우리와 연관 지으신다.

> 그러므로 그가 범사에 형제들과 같이 되심이 마땅하도다 이는 하나님의 일에 자비하고 신실한 대제사장이 되어 백성의 죄를 속량하려 하심이라 그가 시험을 받아 고난을 당하셨은즉 시험 받는 자들을 능히 도우실 수 있느니라.히2:17-18

> 우리에게 있는 대제사장은 우리의 연약함을 동정하지 못하실 이가 아니요 모든 일에 우리와 똑같이 시험을 받으신 이로되 죄는 없으시니라 그러므로 우리는 긍휼하심을 받고 때를 따라 돕는 은혜를 얻기 위하여 은혜의 보좌 앞에 담대히 나아갈 것이니라.히4:15-16

우리가 우리 안에 있다면 거룩하신 하나님 앞에 나가기에 합당치 않다.

그러나 우리는 우리 안에 있는 것이 아니라 **그리스도 안에 있다**.

따라서, 대제사장으로서 예수 그리스도가 하시는 사역은 우리로 하여금 끊임없이 계속 하나님 아버지 앞에 나갈 수 있게 해준다. 예수님의 피하나님 보좌의 속죄소 위에 뿌려진 피가 깨끗이 씻어주기 때문에 그리고 "물로 씻어 말씀으로 깨끗하게" 하기 때문에엡5:26, 우리는 담대히 거룩하신 하나님 앞에 나갈 수 있다.

> 그러므로 형제들아 우리가 예수의 피를 힘입어 성소에 들어갈 담력을 얻었나니 그 길은 우리를 위하여 휘장 가운데로 열어 놓으신 새로운 살 길이요 휘장은 곧 그의 육체나라 또 하나님의 집 다스리는 큰 제사장이 계시매 우리가 마음에 뿌림을 받아 악한 양심으로부터 벗어나고 몸은 맑은 물로 씻음을 받았으니 참 마음과 온전한 믿음으로 하나님께 나아가자.히10:19-22

바울도 이것에 화답하듯 다음과 같이 말했다.

> 하나님이 죄를 알지도 못하신 이를 우리를 대신하여 죄로 삼으신 것은 우리로 하여금 그 안에서 하나님의 의가 되게 하려 하심이라.고후5:21

우리의 중보자

대제사장으로서 예수 그리스도가 하시는 사역은 또한 주님이 우리를 위하여 끊임없이 중보하심을 보증해준다.

> 예수는 영원히 계시므로 그 제사장 직분도 갈리지 아니하느니라 그러므로 자기를 힘입어 하나님께 나아가는 자들을 온전히 구원하실 수 있으니 이는 그가 항상 살아 계셔서 그들을 위하여 간구하심이라.히 7:24-25

> 누가 능히 하나님께서 택하신 자들을 고발하리요 의롭다 하신 이는 하나님이시니 누가 정죄하리요 죽으실 뿐 아니라 다시 살아나신 이는 그리스도 예수시니 그는 하나님 우편에 계신 자요 우리를 위하여 간구하시는 자시니라.롬8:33-34

예수님은 이 땅에 계셨을 때 베드로를 위해 기도하셨다.눅22:31-32 예수님은 또한 미래에 있을 제자인 당신과 나를 포함한 그분의 제자들을 위해 기도하셨다.요17 하지만, 나는 예수님이 하나님 우편에서 무릎을 꿇고 이 땅에 있는 하나님의 자녀 개개인을 위해 기도하실지는 잘 모르겠다.

오히려 예수님은 그분의 손과 발의 상처에 의해 아버지 앞에서 우리 인류를 대신하여 우리의 죄를 지속적으로 씻으시고, 새 언약을 우리에게 이루시려고 끊임없이 중보하신다.요일1:7-9

하나님은 한 분이시요 또 하나님과 사람 사이에 중보자도 한 분이시니 곧 사람이신 그리스도 예수라 그가 모든 사람을 위하여 자기를 대속물로 주셨으니 기약이 이르러 주신 증거니라. 딤전2:5-6

예수님은 우리를 위해 중보하시는 대제사장으로서 죄인들을 구원하시고 딤전1:15, 장래의 노하심에서 우리를 건지시고 살전1:10, 우리의 죄를 속량하시고 히2:17, 새 언약과 더 나은 약속의 보증이요 중보자이시고 히7:22, 8:6, 9:15, 12:24, 우리의 화평이시다. 엡2:14 그리스도는 하나님의 화평으로서 우리를 하나님 아버지 앞에 거리낌 없이 나가게 하시고, 우리 자신과 화평케 하시고, 우리의 양심에 평안을 주신다.

그러므로 자기를 힘입어 하나님께 나아가는 자들을 온전히 구원하실 수 있으니 이는 그가 항상 살아 계셔서 그들을 위하여 간구하심이라. 히7:25

만일 우리에게 최대한 utmost의 필요가 있다면 예수님은 그 필요를 전부 채우시는 온전한 utmost 구세주이시다. 하나님 우편에서 예수님이 하시는 사역은 지칠 줄 모르고 쉴 새 없이 계속된다. 예수님은 항상 살아계시면서 우리를 위해 중보하신다.

그리스도인들은 16세기부터 요한복음 17장을 예수님이 대제사장으로서 하시는 기도라고 불렀다. 예수님께서 죄가 없는 완전한 하나님의 아들이시기 때문에 요한복음 17장의 기도를 포함한 모든 주님의 기도는 항상 응답된다. 이것이야말로 하나님의 모든 자녀 하나하나에게 좋은 소식이 아닐 수 없다.

앉아계시고, 서계시고, 거니시는 분

신약성서는 예수님께서 승천하신 이후로 하늘에서 하나님 아버지의 우편에 앉아계시다고 거듭 강조한다.행2:33, 5:31; 롬8:34; 히1:3, 8:1, 10:12; 벧전 3:22

"우편"은 하나님의 보좌에서 발산되는 권위와 능력과 우주적 통치를 상징하는 비유이다.

하지만 스데반은 날아오는 돌을 맞으면서 하늘을 우러러, 하나님 우편에 예수님의 앉아계신 모습이 아닌, 서계신 모습을 보았다.행7:55-56 나에겐 이것이 예수님께서 곧 하늘로 오게 될 스데반을 기다리시며 그를 격려하시는 것으로 보인다.

우리는 또한 요한계시록에서 금 촛대로 상징된 주님의 교회들 사이를 "거니시는" 예수님을 보게 된다.계2:1 따라서 그리스도는 오늘날 그분의 사역을 위해 앉아계시고, 서계시고, 거니시는 분이다.

흥미로운 것은 바울이 에베소서에서 그리스도인들도 그리스도와 함께 하늘에 앉아있고1:20, 2:6, 이 세상에서 걸어가며4:1,17; 개역성경엔 "행하여", "행하지"로 번역되어 있음 - 옮긴이 주, 대적과 싸우기 위해 서있다고6:11,13 한 사실이다. 따라서 우리도 우리 주님께서 사용하시는 똑 같은 세 가지 몸의 자세로 살아간다.

예수님은 우리의 큰 대제사장이시기 때문에 우리는 저 높은 곳에 친구를 갖고 있다. 우리는 창조주와 연결되어 있으므로 언제나 은혜의 보좌 앞에 와서 우리의 마음을 주님께 쏟아놓을 수 있다. 그리고 우리는 외면당하지 않을 것이다.

예수 그리스도는 우리로 하여금 하나님과의 완전한 언약을 맺게 하신 완전한 대제사장이시고, 완전한 대언자이시고, 완전한 중보자이시고, 완전한 중재자이시다.

그렇기 때문에, 예수님은 다가올 진노에서 우리를 구출하시고, 죄책감과 정죄 의식에서 우리를 해방시키시고, 우리 자신에게서 우리를 자유케 하신다. 우리가 히브리서 7장 25절에서 보았듯이 예수님은 우리를 온전히 구원하신다.

예수님은 또한 "멜기세덱의 반차를 따른 대제사장"이시다.히5:10 이것은 주님의 대제사장직이 영원하고, 우주적이고, 완전하다는 뜻이다.시 110:4; 히5:6-10, 6:20, 7:1-26

예수님은 멜기세덱처럼 제사장인 동시에 왕이시다. 예수님은 하나님이신 동시에 사람이신, 한 인격이면서 두 가지 속성을 지니신 중보자이시다.

히브리서 13장 20절은 "영원한 언약"에 대해 말하고 있는데, 예수님은 단번에 드리신 희생으로 우리를 위해 영원한 속죄를 하셨기 때문에 대제사장으로서 후계자를 두시지 않는다. 달리 표현하자면, 영원하신 아들은 우리를 영원토록 안전하게 지킬 수 있는 영원한 구원을 우리에게 주신다. 그것에 더할 것은 아무것도 없다.

이것을 기억하라. 당신을 기다리는 은혜의 보좌가 있다. 그러므로 당신이 죄를 지었을 때 예수님을 피해 도망치지 말라. 예수님께로 달려가라.

우리와 매일 함께 사시는 그리스도는 실제적인 대제사장이시다! 예수님은 시시각각으로 우리를 감싸주신다. 그것은 우리의 일상생활에 영향을 주지 못하는 종교 의식이나 무슨 쓸모 없이 머리로만 아는 지식에 관한 것이 아니다. 그것은 실제에 관한 것이고 경험에 관한 것이다. 예수님께서 당신의 대제사장이시기 때문에 당신은 패할 수 없다. 이 실제적 사실들을 꽉 붙잡고 믿으라. 그것들이 당신의 삶을 변화시킬 것이다.

제2장
목자장

목자장이 나타나실 때에 시들지 아니하는 영광의 관을 얻으리라
베드로전서 5장 4절

　내 친구 하나가 아프가니스탄과 이란 북부 지역의 광활한 초원지대를 여행하면서 그곳에 남아있는 전원 스타일의 삶에 인상 깊었다는 이야기를 들려주었다.

　그것은 단순한 삶이었는데, 목동들이 가축을 키우면서 이곳 저곳으로 옮겨 다니던 2천 년 전의 삶과 거의 비슷한 삶이었다. 하루는 내 친구가 통역을 통해 나이든 목자에게, 양을 치면서 가장 힘든 게 무엇이냐고 물었다. 그랬더니 그가 킬킬 웃으며 이렇게 대답했다: "그것은 내가 목자인

것을 양들에게 알게 하는 것인데, 양들은 그걸 모른답니다." 이것이 그리스도인의 삶을 잘 요약해주지 않는가?

예수님은 이 땅에 계실 때 자신을 **선한 목자**라고 표현하셨고, 예수님의 최 측근 제자 중 하나는 주님을 "목자장"이라고 불렀다.벧전5:4

> 나는 선한 목자라 선한 목자는 양들을 위하여 목숨을 버리거니와 삯꾼은 목자가 아니요 양도 제 양이 아니라 이리가 오는 것을 보면 양을 버리고 달아나나니 이리가 양을 물어 가고 또 헤치느니라 달아나는 것은 그가 삯꾼인 까닭에 양을 돌보지 아니함이나 나는 선한 목자라 나는 내 양을 알고 양도 나를 아는 것이 아버지께서 나를 아시고 내가 아버지를 아는 것 같으니 나는 양을 위하여 목숨을 버리노라.요10:11-15

예수님은 부활하신 이후로 "양들의 큰 목자"라고도 불리신다.

> 양들의 큰 목자이신 우리 주 예수를 영원한 언약의 피로 죽은 자 가운데서 이끌어 내신 평강의 하나님이.히13:20

예수님께서 목자장으로서 하시는 역할은 정확히 무엇인가? 그리고 주님께서 자신을 "선한 목자"라고 하셨을 때 그것은 무슨 뜻일까? 이 질문들은 나에게 한동안 해결되지 않았던 질문들이다. 어쩌면 이 질문들에 대한 답으로 성서 전체에서 가장 좋은 본문은 시편 23편일지도 모른다. 예수 그리스도가 오늘날 하시는 사역을 이해하고자 하는 눈으로 이 본문을 살펴보자.

목자와 양에 관해서

양은 성서 전체에서 가장 자주 언급되는 동물로써 하나님의 백성은 성서에서 종종 양들로 묘사되어 있다.

시편 23편을 읊은 다윗은 직업이 목자였다. 그는 목축과 양에 관한 지식에 조예가 깊었는데, 나는 항상 이것이 흥미롭다고 생각했다. 다윗은 아마 이스라엘의 역사를 통틀어 가장 위대한 왕이었을 것이고 왕조 전체의 원조였음이 분명하다.

일반적으로 고대 문화에서 왕이나 통치자는 등극한 후에 자신의 배경을 다시 기록했다. 율리우스 카이사르의 조카였던 옥타비아누스가 권좌에 올랐을 때를 생각해보라. 그가 어떻게 했는가? 그는 자신의 이름을 아우구스투스"경배 받기에 합당한 자" 라는 뜻로 바꾸고, 자신을 로마 신화의 신들과 영웅들과 연결시켜 여러 개의 새로운 전기를 쓰라고 지시했다.

그러나 우리는 다윗에게서 뭔가 다른 점을 보게 된다. 사람들은 다윗을 기억할 때 그의 소박한 시작을 자랑스럽게 떠올리는 것 같다. 왜 그럴까? 내가 믿기는, 목자로 사는 것 곧 양들과 함께 하는 것이 삶을 살아가는 정당한 방식일 뿐만 아니라 또한 하나님의 마음과 잘 통하는 길로 인정되었기 때문일 것이다.

양을 치는 것은 왕에게 어울린다. 왜냐하면, 그것이 만물을 지으신 창조주께서 하신 일을 반영하기 때문이다. 다윗이 지은 많은 노래는 그리스도를 가리키는데, 이것은 목자에 관한 그의 여러 노래도 예외가 아니다. 흥미롭게도, 시편 22, 23 그리고 24편은 전부 그리스도께서 하실 사역의 여러 면을 예시한다.

시편 22편은 그리스도의 십자가를 가리키고 과거,

시편 24편은 주님의 재림을 가리킨다. 미래

그리고 둘 사이에 끼어있는 시편 23편은 주님께서 오늘날 하시는 사역을 가리킨다. 따라서 그것은 우리를 위한 본문임에 틀림없다.

여호와는 나의 목자시니

내게 부족함이 없으리로다

그가 나를 푸른 풀밭에 누이시며

쉴 만한 물 가로 인도하시는도다

내 영혼을 소생시키고

자기 이름을 위하여

의의 길로 인도하시는도다

내가 사망의 음침한 골짜기로 다닐지라도

해를 두려워하지 않을 것은 주께서 나와 함께 하심이라

주의 지팡이와 막대기가 나를 안위하시나이다

주께서 내 원수의 목전에서 내게 상을 차려 주시고

기름을 내 머리에 부으셨으니

내 잔이 넘치나이다

내 평생에 선하심과 인자하심이 반드시 나를 따르리니

내가 여호와의 집에 영원히 살리로다

우리의 큰 목자인 그리스도께서 오늘날 하시는 사역을 이해하도록 이 본문을 나눠서 살펴보자.

소유권

여호와는 나의 목자시니…

양의 질이 좋은지 아닌지는 대부분 양을 돌보는 목자에 달려있다. 만일 목자가 이기적이고 부주의한 사람이면 양은 고통을 당하게 되고, 목자가 주의 깊고 잘 돌보는 사람이라면 양은 무럭무럭 자라게 된다.

우리에게는 우주에서 가장 위대한 목자가 있는데 그분이 바로 예수 그리스도시다. 예수님은 그분의 양인 당신을 위해 자신의 귀한 생명을 주셨다. 당신은 이보다 더 이타적이고 배려심 깊은 것을 경험할 수 없다. 그리고 예수님은 목자로서 당신을 계속해서 돌보신다.

사실, 하나님은 우리와 예수님의 관계를 우리에게 보여주시려고 양들과 목자들을 만드셨다. 생각해보라. 그것은 전부 뭔가 더 실제적인 것의 이미지와 그림자이다.

양이 생존하려면 사람이 돌봐줘야만 한다. 양은 동물 중 가장 필요를 많이 채워줘야 하고 또 가장 의존적인 동물이다. 양에게는 자신을 돌볼만한 능력이 없다. 하나님은 양을 아주 많은 주의를 요구하는 동물로 창조하셨다.

중세에 "하늘이 부여한 다스릴 자격"을 가장 일반적으로 비유한 것들 중 하나는 왕을 목자로, 농부들을 양들로 묘사한 것이다. 일반 사람들은 그들을 인도하고 감독하는 "귀족 계급blue bloods"을 필요로 한다고 여겨졌다. 장자크 루소와 프랑스 혁명이 등장하기 전까지 이 이론은 도전 받은 적이 없었다. 루소의 주장은 다음과 같았다: 우리는 모두 다 양이고 우리의 주인은 다름아닌 그리스도 자신이시다.

예수님은 세상의 난폭하고 가혹한 많은 군주와는 달리 당신 돌보기를 즐기시는 목자이다. 그렇기 때문에 예수님은 당신을 그분의 소유라고 부르신다.

구약의 목자들은 소유권을 보여주려고 자신이 소유한 양들의 귀에 표시를 했다. 마찬가지로, 예수님은 당신에게 그분의 표시를 남기셨다. 주님은 창세전부터 당신을 "택하사" 자신의 소유로 삼으셨다.엡1:4-5

예수님께서 자신의 피를 대가로 지불하고 당신을 사셨기 때문에 당신 영혼의 정당한 "보호자"가 되신다.

> 너희가 전에는 양과 같이 길을 잃었더니 이제는 너희 영혼의 목자와 감독 되신 이에게 돌아왔느니라.벧전2:25

공급

내게 부족함이 없으리로다

이 고백은 주님의 양에게는 아무것도 모자람이 없음을 말해준다. 결핍이 없다는 뜻이다.

아마 당신은 이것이 실생활에 어떻게 적용되는지를 물을 것이다. 이 고백은 우리로 하여금 다음과 같은 사실을 믿으라고 권고한다: 우리의 목자는 그분의 돌보심 안에서 우리에게 필요한 것은 무엇이든지 채워주신다. 물론 그것이 우리가 바라거나 기대하는 방식으로 오지는 않겠지만 주님은 궁극적으로 그 필요를 채워주실 것이다.

하늘에 올라간 꿈을 꾼 여자에 관한 재미난 이야기가 있다. 놀랍게도, 낙원은 식료품 가게로 묘사되어 있었는데, 그녀가 계산대로 갔을 때 하나님 자신이 계산대 뒤에 앉아계신 것을 발견했다.

하나님께서 그녀에게 마음 속에서 바라는 것이 무엇인지를 유쾌하게 물으셨다. 그녀는 정말 생각나는 것이 없으므로 입에서 나오는 대로 말하기 시작했다. 그녀는 자신을 위해, 친구들을 위해 그리고 친구의 친구들을 위해 더 나은 삶을 원한다고 했다. 그리고 이 세상의 고통에 대한 해답과 모든 전쟁이 끝날 것을 바란다고 했다.

그녀는 고아원, 사회 복지 시설, 학교⋯ 등등 하나님께서 웃음 짓고 계신 것을 알아차릴 때까지 계속해서 소원을 말했다. 그때 그녀는 말을 멈추면서 무엇이 그리 재미있으시냐고 하나님께 물었다. 하나님의 대답은 간단했다: "오, 내 딸아. 미안하구나. 이 가게는 그런 가게가 아니란다. 우리는 생산공장이 아니라 씨앗 가게란다!"

하나님은 우리의 소원과 꿈을 이루어주는 일을 하시는 분이 아니다. 오히려 하나님은 하나님께서 아시는 우리의 필요를 채우심으로, 우리로 하여금 풍성함의 씨앗들을 갖추도록 하신다. 물론 그 필요는 종종 우리가 상상하는 것과는 다르다.

사실, 선한 목자는 자신의 양들이 확실하게 사랑 받고 돌봄을 받게 하려고 양들을 주의 깊게 보살핀다. 선한 목자는 양들이 잠을 잘 때도 그들을 지켜보고, 양들이 부족함을 느낄 때 그가 그것을 채워줄 것이라고 신뢰하며 그에게 오기를 원한다.

선한 목자가 추구하는 것은 완전한 의존과 신뢰이다. 이것의 성서적 용어가 바로 **믿음**이다.

안식

그가 나를 푸른 풀밭에 누이시며

양들은 무서우면 눕지 않고, 다른 양들이나 벌레가 성가시게 하거나 배가 고플 때도 안식을 누릴 수 없다. 양들은 잠을 자기 전에 철저하게 평온해야 한다.

양이 만족할 만큼 편안해지도록 하는 것이 목자의 역할이다. 양이 쉽게 놀라기 때문이다. 이것으로 양들이 지상에서 가장 겁이 많은 동물에 속함을 알 수 있다.

양들로 하여금 안전하고 위험이 없다고 느끼게 하는 가장 중요한 것은 목자가 함께 있음을 양들이 아는 것이다. 목자를 볼 때 양들은 안심이 되고 편안해진다. 또한 그것이 양을 다른 양들과도 편안히 지내게 한다.

마찬가지로, 우리도 예수님과 함께 있음을 인식할 때 두려움이 사라지고 안식을 얻게 된다. 그리스도의 임재는 우리로 하여금 종종 이기적 야망과 자존심에 근거한 다른 사람들과의 다툼을 잊게 한다.

삶의 폭풍 속에서도 우리를 고요하게 하는 것은 성령을 통해 오늘날 예수님께서 하시는 사역이다. 우리의 평안을 어지럽히는 기생충과 다른 해충에게서 우리를 안심시켜주는 것은 주님의 임재이다. 그리고 우리로 다른 사람들과 대립하는 것과 경쟁심을 내려놓도록 하는 것도 주님의 함께 계심이다.

목자의 역할은 양들에게 안식을 제공하는 신선한 풀이 확보되도록 초원에 널려있는 뿌리와 나무 밑둥과 잡초를 제거하는 것이다. 다시 말하지만, 허기진 양들은 서 있을 수 밖에 없다.

우리의 선한 목자이신 예수님은 우리에게 영의 양식을 공급하셔서 우리가 만족스럽게 안식할 수 있도록 하신다. 만일 우리 자신이 그 양식을 필요로 하기만 한다면, 이것은 하나님의 모든 자녀에게 공급된다.

원기 회복

쉴 만한 물 가로 인도하시는도다

일반적으로, 양은 해가 뜨기 전에 일어나서 먹기 시작한다. 만일 풀이 이슬에 많이 젖어 있으면 양은 물을 마시지 않고도 몇 달을 버틸 수 있다. 그러므로 목자의 역할 중 하나는 양들에게 물을 공급하는 일이다.

예수님은 복음서에서 목마름과 마시는 것에 관해 자주 언급하셨다.

절대로 마르지 않는 샘으로 가라. 네가 다시는 목마르지 아니하리라. 반면에, 약물, 명예, 소유물, 섹스 같은 대용품은 전부 다 궁극적으로 고갈되고 말 것이다.

예수님은 우리에게 마실 물을 주신다. 우리가 먹을 수 있도록 주어지는 진짜 양식이 예수님인 것처럼, 진짜 물도 예수님 자신이다.

> "네가 만일 하나님의 선물과 또 네게 물 좀 달라 하는 이가 누구인 줄 알았더라면 네가 그에게 구하였을 것이요 그가 생수를 네게 주었으리라"…예수께서 [사마리아 여자에게] 대답하여 이르시되 "이 물을 마시는 자마다 다시 목마르려니와 내가 주는 물을 마시는 자는 영원히 목마르지 아니하리니 내가 주는 물은 그 속에서 영생하도록 솟아나는 샘물이 되리라." 요 4:10, 13-14

> 살아 계신 아버지께서 나를 보내시매 내가 아버지로 말미암아 사는 것 같이 나를 먹는 그 사람도 나로 말미암아 살리라. 요 6:57

격려

내 영혼을 소생시키시고…

양들도 사람들처럼 의기소침해지고, 낙담하고, 풀이 죽을 수 있다. 뒤로 넘어져 자빠진 양은, 누군가가 바로 세워주지 않으면 결국 죽게 된다. 무리 가운데 있는 양들을 세어 수를 확인하는 것이 목자의 역할인데, 그 이유는 만일 한 마리라도 없어졌다면 그 양이 어딘가에서 넘어져 있는 것이 틀림 없기 때문이다.

더운 날엔, 넘어져 있는 양을 도로 일으켜 세워주지 않으면 몇 시간 안에 죽을 수도 있다.

예수님의 참된 양들이 넘어지거나 실패하거나 좌절해서 헤어나지 못할 때 그분은 그들을 죽게 내버려두고 떠나시지 않는다. 아니, 예수님은 오히려 그들 옆으로 오셔서 그들을 도로 일으켜 세워주신다. 주님은 그들의 영혼을 소생시키시는 분이시다.

털이 너무 많은 양은 넘어지기 쉽다. 성경에서 털은 스스로의 노력을 상징한다. 이런 이유 때문에, 구약의 제사장들은 털옷을 입을 수 없었다. 말하자면, 그들은 땀을 흘리지 않아야 했다. 그래서 그들은 그 대신 땀을 차단하는 세마포를 입었다.

우리의 힘과 노력으로 주님을 섬기려 하는 것은 궁극적으로 우리를 넘어져 쓰러지게 한다. 우리로 걸려 넘어지게 하거나, 좌절하고 쇠진하게 한다.

살찐 양도 넘어져 쓰러질 위험이 있다. 따라서 자기를 부인하지 않는 자기 중심적인 그리스도인은 넘어질 위험이 있다.

어떤 경우에도, 우리의 목자장인 예수님은 거기에 계시며 우리를 도로 일으켜 세워주신다. 우리는 예수님께서 소생시키는 일을 하시도록 그냥 우리 자신을 기꺼이 내맡기면 된다.

인도

자기 이름을 위하여 의의 길로 인도하시는도다

양들은 습성이 있는 동물이다. 그들은 결과와 관계없이 똑같은 행동을 똑같은 방식으로 한다. 예를 들면, 양들은 풀이 다 없어질 때까지 한 곳에 서만 풀을 뜯어먹는다. 그래서 목자는 자신의 양들을 옮겨 다니도록 해야 한다. 이것은 양들을 이따금 다른 초원으로 인도하는 것을 뜻한다.

양들은 어리석을 뿐 아니라 고집도 세다. 이사야 53장 6절이 이런 특징 을 잘 말해준다:

우리는 다 양 같아서 그릇 행하여 각기 제 길로 갔거늘.

우리의 선한 목자이신 예수님은 우리가 자신과 다른 사람들을 망치지 않도록 그분의 길로 인도하신다. 우리가 자신의 독자적인 생각보다 예수 님의 인도를 우선시하여 그분의 인도에 맡기면 새로운 영역으로 우리를 인도해주실 것이다.

아울러, 선한 목자는 자신이 가보지 않은 곳에는 절대로 자신의 양들을 데리고 가지 않을 것이다. 마찬가지로, 주 예수 그리스도께서는 성령에 의해 우리를 인도하실 때, 반드시 우리로 하여금 주님 자신의 생명을 살게 하신다. 이것은 자신에게 죽는 것주님과 함께 죽는 것, 주님의 생명에 의해 사는 것주님과 함께 부활하는 것, 그리고 어둠의 권세를 이기고 승리하는 것주님과 함께 하늘에 앉아 있는 것을 포함한다.

그리스도는 언제나 우리를 앞서가시는 우리의 선구자요 개척자이시다.

> 그리로 앞서 가신 예수께서 멜기세덱의 반차를 따라 영원히 대제사장이 되어 우리를 위하여 들어 가셨느니라.히6:20

확신

내가 사망의 음침한 골짜기로 다닐지라도
해를 두려워하지 않을 것은 주께서 나와 함께 하심이라

우리의 선한 목자는 어떤 극심한 시련 속에서도, 매일 어두운 밤이 닥쳐와도, 어떤 돌발적인 위기에 처해도 우리와 함께 하시겠다고 약속하신다. 그러므로 우리는 두려워할 것이 아무것도 없다.

성서를 통틀어, 하나님은 자신의 백성에게 "두려워 말라" 라고 말씀하신다. 양으로서의 우리는 두려워하고, 신뢰하지 못하고, 겁이 많은 게 당연하다. 그러나 예수님은 그 어떤 문제보다도 크시다. 주님은 하늘과 땅의 모든 권세를 가지셨다. 따라서 주님이 처리할 수 없는 일은 하나도 없다.

그러나 예수님께서 우리를 저 높은 산으로 데려가고 싶으시지만, 이것은 우리에게 골짜기를 건너고 기어오를 것을 요구한다. 주님은 우리로 골짜기를 건너도록 인도하실 뿐만 아니라 그곳에서 우리와 함께 하실 것이다.

> 적은 무리여 무서워 말라 너희 아버지께서 그 나라를 너희에게 주시기를 기뻐하시느니라. 눅 12:32

따라서 우리가 겪는 대부분의 어려운 문제와 고통과 좌절은 우리를 더 높은 곳으로 데리고 가기 위해 하나님의 손길로 빚어진 것들이다.

하나님은 어두운 골짜기에서도 그분의 양들을 먹이신다. 흥미로운 것은 골짜기가 양들을 위해 가장 풍요로운 먹이와 사료를 제공한다는 사실이다. 거기엔 또한 물도 있다. 그래서 주님은 양식과 마실 것을 제공하는 골짜기에서 우리를 만나주실 것이다. 우리는 흔히 위기를 벗어나서 하나님께서 돌보시고 보호해주신 손길을 뒤돌아보기 전엔 이것을 인식하지 못한다.

우리는 우리 자신이 어두운 골짜기를 통과하고 난 후에 지금 어두운 골짜기를 걷고 있는 사람들을 주님의 위로로 위로해 줄 수 있을 것이다.

찬송하리로다 그는 우리 주 예수 그리스도의 하나님이시요 자비의 아버지시요 모든 위로의 하나님이시며 우리의 모든 환난 중에서 우리를 위로하사 우리로 하여금 하나님께 받는 위로로써 모든 환난 중에 있는 자들을 능히 위로하게 하시는 이시로다.고후1:3-4

고침

주의 지팡이와 막대기가 나를 안위하시나이다

지팡이와 막대기는 목자의 무기이다. 막대기는 약탈자들에게서 목자와 양들을 보호하는데 사용된다. 아울러 그것은 고집스런 양들을 징계해서 무리에게로 데리고 오는데 사용된다.

목자의 지팡이는 그를 상징하는 도구이다. 지팡이는 길고, 끝에 갈고리가 달린 가느다란 작대기이다. 목자는 갓난 양들을 어미 양에게 데려갈 때 그의 지팡이를 사용한다. 또한 양들을 가까이 모을 때 또는 자신에게로 이끌 때양을 진찰하려고 지팡이를 사용한다. 지팡이는 막대기와는 달리 부드럽게 사용해야 한다.

두 가지 도구 다 목자가 자신의 양들을 돌보고 지킬 때 사용되므로, 목자의 지팡이와 막대기는 양들을 안심시킨다.

마찬가지로, 주 예수 그리스도는 자신의 "지팡이"와 "막대기"로 우리를 보호하시고, 우리를 징계하시고, 우리를 자신과 주님의 몸 안에 있는 다른 지체들에게로 더 가까이 이끄신다.

보호

주께서 내 원수의 목전에서 내게 상을 차려 주시고…

이스라엘의 목자는 봄이 오기 전에 자신의 양들을 먹일 새로운 "초원"을 찾으려고 야생 지역으로 탐사여행을 떠났다. 그리고 양들이 새로운 곳에 도달하기 전에 목자는 소매를 걷어붙이고는 독초를 뽑아내고, 불순물을 치우고, 샘과 물웅덩이를 파놓았다.

이것은 전부 예비하는 과정이었다.

우리의 목자장이신 예수 그리스도는 우리가 마주칠 모든 것을 위한 길을 예비하시려고 우리보다 앞서 가신다.

때로는 예수님께서 앞에 놓여있는 문제들에서 우리를 해방시키실 것이다. 하지만 어떤 때는 그 문제들을 **통해** 우리를 인도하실 것이다. 주님은 문제들을 제거하시는 대신 폭풍우 속에서 우리에게 복을 주실 것이다. 이것은 주님이 거기서 우리를 해방시켜주시는 것 못지 않은 기적이다.

바울이 가졌던 육체의 가시가 그 예이다. 주님은 그 가시를 제하시지 않고 오히려 바울로 하여금 그것을 버티게 하셨다.

그러므로 우리의 선한 목자는 때때로 그의 심판의 막대기로 우리의 원수들을 물리쳐주시고, 때로는 우리의 원수들 앞에서 우리를 위해 잔치를 준비하실 것이다.

치유

기름을 내 머리에 부으셨으니
내 잔이 넘치나이다

여름날에, 양들은 종종 호된 해충의 공격을 받는다. 이 해충은 모기, 각다귀gnats, 날파리 같은 것들이다. 전부 다 양들을 아주 성가시게 하고, 종종 심한 염증을 일으키기도 한다.

양은 고통을 덜기 위해 때때로 나무나 바위나 다른 물체에 머리를 들이받는다. 또 어떤 때는 괴롭히는 해충들이 양들을 먹지 못하게도 한다. 더심한 경우엔, 해충에 의한 감염이 양의 눈을 멀게도 한다.

이것을 막는 방법은 목자가 양의 머리에 기름을 바르는 것이다. 기름은 양을 괴롭히는 해충들을 물리치고 상처의 치료를 돕는다. 그렇게 하면 양은 다시 먹을 수 있다. 하지만 지속적인 효과를 위해서는 기름을 정기적으로 발라줘야 한다.

성서를 통틀어, 기름은 성령의 상징이다. 우리의 선한 목자이신 예수님은 성령으로 우리에게 역사하시고, 성령은 치유와 자유와 평안을 주신다. 하지만 성령의 신선한 공급은 반복적으로 주어져야 한다. 그래서 바울은 그의 독자들에게 끊임없이 "성령으로 충만함을 받으라"고 권면했다.엡 5:18

축복

내 평생에 선하심과 인자하심이 반드시 나를 따르리니

이것은 위대한 약속이다. 사실이라고 믿기 어려운 약속이다. 로마서 8장 28절은 이것과 맥을 같이 한다.

> 우리가 알거니와 하나님을 사랑하는 자 곧 그의 뜻대로 부르심을 입은 자들에게는 모든 것이 합력하여 선을 이루느니라.

인생에서 당신이 아무리 욱여쌈을 당할지라도 "반드시" "확실하게" 라는 뜻 당신의 평생에 선하심과 인자하심이 당신을 따를 것이다.

당신을 향한 목자의 사랑은 결코 당신을 떠나지 않을 것이다. 그리고 그분은 당신 인생의 모든 것그것이 기쁜 일이든 그렇지 않은 일이든이 합력하여 당신을 위해 선을 이루도록 하실 것이다.

한때 나는 나의 인생에서 암흑기를 보낸 후 연기가 걷혔을 때, 건너편에 서서 하나님의 선하심과 사랑이 나를 따라왔을 뿐 아니라 늘 **추적해왔**음을 감지하게 되었다. 그것은 마치 내가 도망가고 싶어도 도망칠 수 없는 것과 같았다. 하나님의 뜻에서 슬그머니 피하려 했지만 고래의 뱃속에서 전능하신 하나님의 손 안에 있을 수 밖에 없음을 알게 된 요나처럼, 우리는 종종 우리의 암울한 시기가 하나님의 손길로 가득함을 발견하게 된다. 하나님의 선하심과 인자하심은 우리를 끈질기게 찾아내고 추적한다.

실로, 이것은 특히 우리 인생의 암흑기에 놀라운 약속이 아닐 수 없다.

우리의 선한 목자는 궁극적으로 혼란 속에서도 아름다움과 축복을 가져오실 것이다.

흥미롭게도, 우리가 앞에서 언급한 바와 같이, 만일 양들이 거칠게 다뤄지고 제대로 돌봄을 받지 못하면 당장 초원 한 곳을 망쳐놓을 수 있고, 반면에 선하고 슬기로운 목자에 의해 제대로 다루어지면 양들은 그 땅에 가장 유익한 동물이 될 수 있다. 양들은 단기간에 망가진 초원을 깨끗이 정리하고 고쳐놓을 수 있다.

이 모든 것이 어떤 목자가 양들을 돌보는지에 달려있다.

마찬가지로, 목자장을 따르는 사람들에게도 선하심과 인자하심이 그냥 오는 것이 아니다. 오히려, 선하심과 인자하심은 다른 사람들에게 유익을 주고 복을 주려고 그들이 어디를 가든지 **그들을 따라오는 것이다.**

안전

내가 여호와의 집에 영원히 살리로다

여기가 시편 23편이 양들에 관한 단순한 묵상에서 직접적인 주석믿는 자들과 그들의 주님 사이에서 벌어지는 일상적인 사랑의 관계에 관한으로 탈바꿈하는 지점이다. 앞에서 열거한 모든 것푸른 풀밭, 쉴 만한 물, 기름 부음, 등등을 가능케 하는 것은 목자의 임재presence이다. 이 임재는 어디서나 찾을 수 있는 것이 아니다. 그것이 위치한 곳은 바로 아주 특정한 곳, 즉 주님의 집이다. 우리는 신약성서에서 믿는 자들의 집합체인 우리가 곧 하나님의 집이라는 것을 발견하게 된다. 우리는 그리스도를 꽉 붙잡을 때 개개인에게서 연합된 하나님의 집으로 변형된다. 이 시편에서 우리는 비슷한 실체를 접하게 되는데, 그것은 우리가 목자장과의 관계성 안에 있을 때 주님의 집에 연결된다는 사실이다.

이 시편은 위대한 목자의 임재가 항상 그의 양들과 함께 있다는 사실을 약속함으로 끝난다. 주님의 양들은 주님의 집에 영원히 거하게 될 것이다.

최근 몇 년에 걸쳐, 내가 먼저 쓴 책들에서 종종 묘사한 그리스도인 공동체의 경험에 대해 많은 사람이 의심이 있음을 피력했다.[2] 내 친구 중 하나는 교회에 관한 나의 생각과 실천을 "기숙사식 기독교" 라고 부른다. 이것은 꽤 근접한 표현이라고 볼 수 있다. 하지만 명심할 것은, 만일 오늘날 여기서 믿는 사람들과의 친밀한 관계 안에 사는 것을 상상하기가 거북하다면, 그런 사람들 중엔 영원에서 실망하게 될 사람들이 꼭 있을 것이다. 왜냐하면, 우리가 예수님의 몸인 하나님의 집에서 영원토록 살 것이기 때문이다. 주님을 따르는 사람들 안에서는 모든 방향으로 끝도 없이 확장하는 영원한 관계성이 있다.

이것은 하나님의 무리인 하나님의 집 곧 에클레시아에 속한 약속일 뿐만 아니라, 또한 하나님의 임재가 이 세상에서 살 때나 이 세상을 떠난 후에도 결코 우리를 떠나지 않을 것이라는 약속이다.

우리에게 어려움이 닥칠 때 때로는 하나님께서 자신의 역할을 포기하

---

2) 자세한 것은 『다시 그려보는 교회』 (대장간, 2013)와 『영원에서 지상으로』 (대장간, 2009) 를 참조할 것

신 것처럼 보인다. 그러나 우리의 선한 목자는 함께 계시지 않은 것 같아도 절대로 자리를 비우시지 않는다. 우리 영혼의 인도자는 결코 주무시지 않는다. 주님은 우리를 지키는 역할을 절대로 잊으시지 않는다. 주님은 결코 우리를 떠나거나 저버리시지 않는다. 주님의 귀는 언제나 우리의 외치는 소리에 맞추어져 있다.

예수님은 요한복음 10장에서 우리가 그분의 양이기 때문에 그분의 음성을 듣는다는 사실을 분명히 하셨다. 우리가 믿기 때문에 예수님이 우리의 목자가 되시는 것이 아니다. 예수님께서 우리의 목자이시고 우리가 예수님의 양이기 때문에 우리가 믿는 것이다.

우리가 목자장의 음성을 듣고 따르는 한, 우리는 계속해서 안전하고, 보호되고, 주님의 마음에 기쁨이 될 것이다.

제3장
하늘의 신랑

남편들아 아내 사랑하기를 그리스도께서 교회를 사랑하시고
그 교회를 위하여 자신을 주심 같이 하라 이는 곧 물로 씻어
말씀으로 깨끗하게 하사 거룩하게 하시고 자기 앞에 영광스러운
교회로 세우사 티나 주름 잡힌 것이나 이런 것들이 없이
거룩하고 흠이 없게 하려 하심이라
에베소서 5장 25-27절

나는 최근에, 불화를 겪는 젊은 부부에 관한 얘기를 들었다. 어느 날 오후, 이 젊은 아내는 수북이 쌓인 설거지거리와 2살짜리 딸에게서 나온 기저귀 더미와 세탁거리 등 해야 할 집안 일에 둘러싸여 흐느껴 울고 있었다.

그녀는 더는 참을 수 없었다. 그리고 눈물을 흘리면서 짐을 챙겨 집을

나오고 말았다. 하지만 딱히 갈 곳도 없었고 어디로 가야 할지 알 필요도 없었다. 그저 아내와 엄마 역할을 더는 계속 할 수 없다는 것이 전부였다.

그녀의 남편은 망연자실할 수 밖에 없었다. 어린 딸과 쌓여있는 청구서와 함께 남겨진 채 녹초가 되어 화가 치밀어 올랐다. 아내가 떠나버린 첫날 저녁, 전화벨이 울려 달려가보니 그의 아내였다. 그는 수화기를 낚아채듯 잡아들고 그녀가 어디 있는지, 도대체 왜 그러는지 말하라고 다그쳤다. 그리고 나서, 당장 집으로 돌아오라고 했고, 아내는 곧바로 전화를 끊어버렸다. 남편은 욕을 퍼부으며 전화기를 내팽개치듯 내려놓았다. 매일같이 밤마다 똑같은 일이 반복되었다. 아내는 전화를 하고, 남편은 화를 내며 공격적으로 퍼붓는 대화.

그러나 날이 가고 주가 바뀌자 남편은 점점 태도를 바꾸기 시작했다. 그는 어떻게 할지를 곰곰이 생각한 끝에 결국 뭔가를 결정했다. 사설탐정을 고용해서 아내가 어디에 있는지를 알아낸 것이다. 그녀는 몇 시간 떨어진 다른 도시에 머물고 있었다. 남편은 차를 몰고 아내가 머물고 있던 그 도시의 호텔로 달렸다. 그가 호텔방 문을 노크하자 아내는 문을 열었다. 그녀의 얼굴에 나타난 놀란 표정은 곧 고마움의 흐느낌 속에 이내 녹아버렸고, 그녀는 남편의 팔에 안기고 말았다.

얼마 후에 남편은 아내에게 물어보았다. 그토록 많은 기회를 놓치고, 오해도 많이 하고, 돌아오라는 요구를 수도 없이 거절하더니 그날 저녁엔 어째서 집으로 돌아왔는지 도무지 알 수 없다고 물었다.

그녀의 대답은 간단했다: "그 전엔, 당신이 집으로 돌아오라고 했을 때 그냥 말뿐이었잖아요. 하지만, 그 날은 당신이 내가 있는 곳으로 달려왔

지요. 그게 하늘과 땅 차이랍니다."

예수 그리스도는 우리의 대제사장과 목자장일 뿐만 아니라 우리를 사랑하시는 연인이다. 사실, 주님은 우주에서 가장 사랑이 많은 연인이다. 그것은 값싸고 감정적인 사랑이 아니다. 왜냐하면, 예수님께서 우리가 있는 곳으로 오셨기 때문이다. 에베소서의 마지막 부분에 있는 구절들이 이 주제를 분명히 드러내준다: "남편들아 아내 사랑하기를 그리스도께서 교회를 사랑하시고 그 교회를 위하여 자신을 주심 같이 하라"엡5:25 이 얼마나 놀라운 신랑인가!

하나님은 창조세계에 로맨스를 집어넣으셨다. 남자와 여자의 마음 속에 로맨스를 넣으셨다. 또 하나님의 거룩한 말씀 속에도 로맨스를 집어넣으셨다.

하나님께서 이 아이디어를 고안해내신 것이다.

사실, 모든 실제의 로맨스는 창세기에서 요한계시록까지 금실처럼 이어져 있는 신성한 로맨스의 희미한 이미지이다.

나는 『영원에서 지상으로』대장간 역간, 2009의 제1부에서, 하나님의 영원한 목적이 하나님의 아들을 위해 신부를 얻기 위함임을 보여주면서 이 금실을 추적했다.

우리는 창세기에서, 창조된 최초의 남자인 아담을 보게 된다. 아담은 혼자였고 하나님께서 그를 깊이 잠들게 하셨다. 아담이 잠든 상태에서 하나님은 아담의 옆구리를 열고 여자를 꺼내셨다. 그녀가 하와라고 불리는 여자이다.

아담은 깨어나서 하와를 보고는 곧 사랑에 빠졌다. 마침내 아담은 동반자를 찾게 되었고 더는 혼자가 아니었다. 그리고 두 사람은 한 몸이 되었다.

따라서 이 땅에 아담 혼자 있었을 때, 즉 하나님이 그에게서 하와를 꺼내시기 전까지는 그의 안에 여자가 있었다. 실로, 하나님께서 아담을 둘로 나누셨고, 그 다음 둘이 다시 하나가 되었다.

바울은 에베소서 5장에서 이것에 대해 말하면서 놀랄만한 사실을 선포했다.

> 누구든지 언제나 자기 육체를 미워하지 않고 오직 양육하여 보호하기를 그리스도께서 교회에게 함과 같이 하나니 우리는 그 몸의 지체임이라 그러므로 사람이 부모를 떠나 그의 아내와 합하여 그 둘이 한 육체가 될지니 이 비밀이 크도다 나는 그리스도와 교회에 대하여 말하노라.29-32

예수 그리스도는 갈보리에서 아버지에 의해 깊이 잠드셨다. 그리고 죽으셨을 때 예수님의 옆구리가 찢어졌고 거기서 물과 피가 흘러나왔다.

성경 전체에서, 피는 구속을 말하고 물은 씻음과 생명을 말한다.

예수님이 깊이 잠드셨을 때 하나님은 예수님의 옆구리에서 새로운 하와, 곧 살아계신 하나님의 교회를 나오게 하셨다. 그리고 그녀는 "창세 전에" 그리스도 안에 있었다.엡1:4

예수님은 이 땅에 계셨을 때 그분 안에 여자, 곧 세상에서 가장 아름다운 소녀를 품고 계셨다. 그리고 예수님께서 죽으시고 무덤에서 부활하셨을 때 그녀가 태어났다. 찢어진 그리스도의 옆구리는 그녀를 나오게 한 자궁이었다. 그리고 그리스도와 교회, 이 둘은 하나가 되었다.

주와 합하는 자는 한 영이니라.고전6:17

하나님의 궁극적인 열정

하나님 아버지는 창세 전부터 하나님의 고동치는 심장에 꼭 들어맞는 영원한 동반자를 아들에게 주시기로 작정하셨다.

즉, 하나님의 아들은 그녀를 소중히 여기고, 그녀는 그분에게 사랑을 돌려드리게 될 것이다. 그리고 그녀 곧 신부는 하나님 아들의 보좌에서 그분과 함께 다스릴 것이다.

하나님의 아들은 강제로 그녀를 자신의 동반자로 삼지 않고, 그 대신 그녀에게 구애하고 그녀를 소중히 여기신다. 이것이 바로 하나님의 아들이 지금 우리의 신랑으로서 하고 계신 일이다.

하나님의 아들은 우선 우리에게 구애하시고 그분의 사랑으로 우리를 압도하신다. 그 다음, 신부가 어린 양의 아내가 되는 그날, 즉 주님의 형상으로 온전케 되는 그 멋진 결혼식 날을 위해 우리를 준비시키기 시작하신다.

내가 하나님의 열심으로 너희를 위하여 열심을 내노니 내가 너희를 정결한 처녀로 한 남편인 그리스도께 드리려고 중매함이로다.고후11:2

어린 양의 혼인 기약이 이르렀고 그의 아내가 자신을 준비하였으므로. 계19:7

일곱 대접을 가지고 마지막 일곱 재앙을 담은 일곱 천사 중 하나가 나 아와서 내게 말하여 이르되 이리 오라 내가 신부 곧 어린 양의 아내를 네게 보이리라. 계21:9

예수님은 연인들을 찾고 계신다

아담이 동반자, 배필 그리고 연인을 바랐듯이, 예수님도 자신의 사랑을 되돌려줄 연인들을 찾고 계신다.

유감스럽게도, 오늘날 수많은 그리스도인이 그리스도인의 삶을 오로 지 섬기는 것으로 둔갑시켜버렸다. 그들은 그리스도인이 섬기는 자, 즉 주인에게 순종하는 자라고 가르친다.

우리가 예수님을 위해 섬기는 자라는 말은 맞지만, 이런 사상만으로는 중요한 진리를 놓치고 만다. 예수님은 연인들을 찾으시지, 하녀들을 찾 으시는 것이 아니다. 예수님은 친밀한 동반자를 찾으시지, 강요된 노예를 찾으시지 않는다.

예수님은 의무적인 순종 한참 너머의 뭔가를 찾고 계신다. 자발적인 연 인들을 원하시는 것이다. 그분의 사랑에 사로잡힌 사람들. 그분의 놀랍 고도 고귀한 눈에 의해 매혹된 사람들. 그분의 사랑이 자신들을 꿰뚫도록 허락하고 그 사랑을 그분께 되돌려드리는 사람들.

예수님을 향한 우리의 사랑은 전부 다 우리를 향한 그분의 사랑 그대로를 반사하는 것이다.

> 우리가 사랑함은 그가 먼저 우리를 사랑하셨음이라. 요일 4:19

당신은 남자든 여자든 상관없이 한 소녀, 즉 세상에서 가장 아름다운 여자에게 속했다. 그리고 당신의 주님은 그녀와 격렬한 사랑에 빠져 있다.

놀랍게도, 예수님은 아버지께서 예수님을 사랑하시는 그 똑 같은 열렬한 사랑으로 그분의 신부를 사랑하신다고 말씀하셨다.

> 아버지께서 나를 사랑하신 것 같이 나도 너희를 사랑하였으니 나의 사랑 안에 거하라. 요 15:9

> 이는 나를 사랑하신 사랑이 그들 안에 있고 나도 그들 안에 있게 하려 함이니이다. 요 17:26

따라서 예수님께서 지금 우리를 사랑하시는 것보다 더 우리를 사랑하실 수 없다. 예수님은 갈보리에서 이것을 확증하셨다.

신부를 위한 노래들

내가 다른 데서 지적했듯이 성서는 결혼으로 시작해서 결혼으로 끝난다. 그리고 소년과 소녀로 시작해서 소년과 소녀로 끝난다. 예수님은 자신이 신랑이라고 말씀하시면서 사역을 시작하셨고마9:15, 신부에 관해 말씀하시면서 사역을 마치셨다.마25:1-13

침례자세례자 요한은 이 세상에 예수님을 소개했는데, 소개할 때 예수님을 신랑이라고 불렀다 요 3:29 그리고 성서의 마지막 이야기에서 신랑과 신부는 하나가 된다 계 22:17 이것이 시작부터 이어져온 하나님의 계획이었다.

다음에 소개할 두 개의 노래는 유기적 교회들이 작사한 것으로써, 신부를 향한 예수님의 사랑과 예수님을 향한 신부의 사랑을 표현하고 있다.

나는 이 노래들이 예수님의 억제할 수 없는 열정을 안겨주리라 믿는다. 그것은 바로 당신의 주님 마음 속에서 그분의 연인을 향해 고동치는 열정이다.

[옮긴이 주: 다음은 노래들에 맞춰 지어진 영어 가사를 우리말로 번역한 것이므로 번역된 가사는 노래들의 곡조와 맞지 않습니다.]

신부를 위한 노래 1

Leonard Cohen과 Theresa Christina Calonge de Sa Mattos의 "Hallelujah"에 맞춘 가사

자매들:

주여, 신비의 코드가 있다고 들었어요.

다윗이 연주해서 주님을 기쁘시게 한

주님 안에 숨겨진 만세 전의 그 신비 말이에요.

그것은 이렇지요.

시작, 선물, 타락, 엄청난 도약.

부활의 왕이 주도하시는 할렐루야이지요.

코러스

할렐루야, 할렐루야, 할렐루야, 할렐루야

형제들:

나는 너를 창조의 노래로 알았단다.

우리는 함께 동산을 거닐었었지.

내 임재와 내 핏줄을 네게 제안했었지.

하지만, 너는 다른 나무 열매를 따먹고 말았지.

나에게서 나온 적 없는 다른 생명을 택했을 때

그것이 네 입에서 나의 할렐루야를 빼앗아버렸지.

고요한 코러스

자매들:

예수님, 나는 이전에 여기에 있었어요.

이 방을 알아요, 이 바닥 위도 걸었었지요.

주님을 알기 전에 나는 혼자 살았었지요.

이제 나는 나무 위에서 죽은 당신을 보았어요.

사랑은 승리의 행군이 아니잖아요.

그건 차갑고 찢어진 할렐루야이지요.

코러스

할렐루야, 할렐루야, 할렐루야, 할렐루야

형제들:

내가 이 땅에 와서 내 생명을 주었노라.

너를 나의 영원한 아내로 삼으려고.

실은 내가 다시는 너를 잃지 않으려고 죽었단다.

이제 나는 네 안에서 살아 움직이고,

거룩한 바람을 불어넣어

네가 숨쉴 때마다 할렐루야가 나오게 했단다.

코러스

다같이:

이제 우리가 사는 이유는

아래에서 벌어지는 것을 모두가 알기 위함이라.

주님의 희생이 모든 것을 주님께로 회복시키는 그것을.

우리는 하늘의 허다한 무리와 함께

찬양의 주 되신 주님 앞에 서서

우리의 입으로 오직 할렐루야만 외치리.

신부를 위한 노래 2

"Over the Rainbow"에 맞춘 가사

형제들:

나의 신부여, 너는 영원 전에

너의 모든 영광으로 복 받고

내 눈 앞에 흠 없는 자로 택함 받았지.

자매들:

나의 주여, 주님은 내가 사모하는 전부입니다.

나는 주님을 원합니다.

내가 감히 꿈꾸는 꿈은 다 진정 주님의 것뿐입니다.

형제들:

매일 나는 내 팔에 너를 안고

자매들:

은하수 저 편에서 나와 함께 춤을 추지요.

다같이:

함께

형제들:

내가 네 안에 살고 네가 내 안에 사니

자매들:

영원토록 우린 합쳐진 하나.

다같이:

이 얼마나 놀라운 주님의 작품인가.

다같이:

나의 사랑이여, 나는 주님께 모든 걸 다 주고 싶어요.

참 사랑, 기쁨, 정성 모두를.

주님의 전부가 나를 향하고

주님을 바라보면 나는 언제나 알게 되지요.

진정 내가 주님의 형상대로 지어졌음을.

신랑의 열망

교회는 그리스도의 신부로서 그녀교회 안에 거하시는 하늘의 신랑과 교제하고, 그분을 사랑하고, 우러러보고, 친밀하게 알도록 부르심을 받았다.

신부의 차원을 올바로 이해하는 교회들은 주님과의 영적 교제에 시간을 드리고 관심을 집중한다. 주님을 향한 예배를 우선시 한다.

주님을 찾고, 주님을 사랑하고, 주님과 교제하고, 그냥 주님과 함께 시간을 보내는 것이 그녀의 마음을 지배한다.

교회의 이런 차원을 교회의 모든 활동을 움직이는 엔진으로 볼 수 있다. 교회의 동기부여와 에너지와 생명은 그리스도의 사랑과 그리스도를 향한 사랑이다.

우리 하늘의 신랑이신 주 예수님은 그분의 교회를 노동력으로 보시지 않는다. 주님은 연인들을 원하시지, 단지 도움을 주는 조력자들을 원하시지 않는다. 친구들을 원하시지, 그저 일하는 하인들을 원하시지 않는다.

교회의 신부로서의 차원은 교회 생활과 사역에 있어 중심을 차지한다.

신부를 준비시킴

하나님 아버지는 그리스도와 결혼을 하고 다스리게 될 그분의 신부를 준비시키려고 역사를 주관해오셨다.

각 세대는 다음 세대를 위해 준비를 한다. 그리스도인의 무리와 믿는 자들 개개인이 하나님의 마음에 합할 때는 언제든지 그리고 그들이 이 땅에서 하나님의 영원한 목적을 드러낼 때는 언제든지 하나님의 영원한 집 건축을 위하여 새 예루살렘 안에 금과 진주와 보석이 얼마간 쌓이게 된다.

언젠가는, 신부가 준비되어 주님의 아내가 될 것이다.

우리가 크게 주목할 만한 것은, 하나님의 가장 큰 열망이 사람들에게 알려지고 사랑 받는 것이라는 사실과 하나님께서 이 똑 같은 열망을 각 사람의 마음 속에 집어넣으셨다는 사실이다. 이것에서 우리는, 우리의 하늘 신랑인 예수님의 갈망과 우리를 예수님의 신부로 부르신 원대한 부르심을 발견할 수 있다.

그녀는 얼마나 중요한가?

그리스도의 신부는 창세기부터 요한계시록까지 성서를 통틀어예표와 그림자로 등장한다. 예를 들어, 그녀교회는 성서의 시작 부분에 등장하고, 마지막에도 등장한다 창세기 2장의 하와와 요한계시록 22장의 신부

당신과 나의 주님은 그녀에게 사로잡힌 열정에 푹 빠져있다. 예수 그리스도는 그녀를 위해 자신의 생명을 바치셨고, 그녀를 얻으려고 모든 것을 버리셨다.엡5:25은 그리스도께서 교회를 위해 자신을 주셨다고 말한다. 그녀는 창세 전부터 하나님 안에 감춰진 "비싼 값을 주고 산 진주"이다.

예수 그리스도는 자신과 교회를 구별하시지 않는다. 그녀는 주님의 뼈 중의 뼈요 주님의 살 중의 살이고, 이 땅에 있는 주님의 몸이다.마25:40, 45; 행 9:1-5

그녀는 하나님 아들의 약혼녀이고, 예수님은 그녀와의 결혼을 기다리고 계신다.

바울은 실질적으로 이렇게 말했다: "고린도에 있는 그리스도의 몸인 여러분은 공동의 그리스도입니다."고전12:12, 27 또한 1:12-13, 6:15, 8:12을 참조할 것

성서의 마지막에 있는 말씀 중엔 신부의 초청이 들어 있다: "성령과 신부가 말씀하시기를 오라 하시는도다."계22:17

그녀는 어린 양의 아내이고, 영원토록 예수님의 동반자이다.

그녀는 바울이 골로새서와 에베소서에서 드러낸 시대의 신비 그 중심에 있다.

에클레시아는 하나님의 영원한 목적이다. 하나님은 창세 전부터 신부, 집, 가족 그리고 몸을 원하셨다 가시적인 표현으로 이것이 하나님께서 원래부터 가지셨던 의도이다.

태초부터, 하나님 아버지는 아들의 아름다움을 드러내시려고 아들이 집합적으로 표현되기를 원하셨다. 하나님은 아들을 위한 동반자를 바라셨다. 하와는 왜 지어졌는가? 아담을 위해서, 즉 그의 동반자가 되기 위해서이다.

따라서 교회는 하나님께 중요할 뿐만 아니라, 또한 존재하는 모든 것 중 가장 중요한 존재이다.

그녀는 주님의 여자이다.

남자가 여자와 사랑에 빠졌을 때 남자에게 여자보다 더 중요한 것은 없다. 이것이 바로 당신의 주님이 당신을 향해 품고 있는 열정이다.

그러므로 오늘날 그리스도의 사역에 있어 큰 부분을 차지하는 것은 그분의 신부를 사랑하고, 소중히 여기고, 보호하고, 온전케 하는 것이다. 그리고 주님은 그녀가 그 사랑을 주님께로 되돌려 드리기를 바라신다.

제4장
우리 믿음의 주요 온전하게 하시는 이

믿음의 주요 또 온전하게 하시는 이인 예수를 바라보자
히브리서 12장 2절

예수 그리스도는 우리의 대제사장, 목자장 그리고 하늘의 신랑이 되실 뿐만 아니라 또한 우리 안에서 시작하신 일을 완성하시는 분이시다.

예수님께서 오늘날 하시는 사역을 이런 관점으로 보는 것은 영적 성장과 관계 있고, 또 변화와 관계 있다. 그리스도는 하늘에서 우리를 위해 중보하실 뿐 아니라, 성령에 의해 모든 믿는 자 안에 사시며 그리스도의 제자 각 사람 안에 그분의 성품을 형성하신다.

성서 전체에서 가장 놀라운 약속 중 하나는 빌립보서 1장 6절에서 바울이 한 말이다:

너희 안에서 착한 일을 시작하신 이가 그리스도 예수의 날까지 이루실 줄을 우리는 확신하노라.

바울은 확신에 차서 말했다: 예수 그리스도께서 여러분의 삶 속에서 시작하신 일은 완성될 것입니다.

따라서 당신이 원하는 만큼 성장하지 않는다고 낙심할 때, 똑같은 문제와 난관에 계속 부딪힌다고 의기소침할 때, 당신의 영적인 삶에 진전이 보이지 않을 때, 이것을 기억하라: 자기 자신에게로 당신을 이끄신 분이 결국 당신을 온전케 **하실 것이다.** 그분이 당신 안에서 시작하신 일을 완성하실 **것이다.** 왜냐하면, 그분이 우리 믿음의 주요 온전하게 하시는 분이기 때문이다.

예수님은 자신이 "길이요 진리요 생명"이라고 말씀하셨다.요14:6 **생명**이라는 말을 숙고해보라. 도대체 "생명"이란 무엇인가? 생명의 시작, 중간, 끝은 무엇일까?

생명이 출생, 성장이나 성숙에 관한 것인가? 이걸 우리가 결정해야 한다고? 우리는 결코 생명이 그런 것들 중 하나라고 말할 수는 없을 것이다. 생명은 그것들 전부이고 그것들 사이에 있는 모든 것이다. 생명은 위아래가 있고, 앞뒤가 있고, 숨을 쉬고 숨을 멈추는 것이다. 생명은 중단하는 것과 시작하는 것, 행동과 반응, 주는 것과 받는 것에 관한 것이다.

생명은 있다! 그리고 이것은 예수 그리스도에게도 마찬가지이다. 예수님은 알파와 오메가이고 시작과 끝이다. 영어 알파벳의 A부터 Z까지. 예수님은 출발점과 종착점에 동시에 계신 존재이다. 그리고 예수님의 생명은 모든 믿는 자가 회개하고 예수님을 믿을 때 그들 안에 들어가신다. 그러나 이것이 끝이 아니다. 이 생명 곧 예수님의 생명은 우리 안에서 자라나고 우리의 성품을 형성한다.갈4:19 만일 우리가 그렇게 되도록 허락한다면 말이다.

우리를 거듭나게 하시는 분

성서에 의하면, 사람의 출생과 성장과 발달은 우리의 영적 발달의 이미지이다.

우선, 예수님은 우리를 구원하신다. 이것은 한편으로는 우리가 의롭다함을 얻는 것이고, 다른 한편으로는 거듭나는 것이다. 거듭남은 새로 출생하는 것이고, 출생은 생명의 유입이다.

예수님은 죽었다가 살아나실 때 "살려주는 영"이 되셨다.고전15:45 그러므로 주님은 자신의 영을 제자들에게 "불어넣어" 주실 수 있었다.요 20:22

예수님은 오늘날도 그분을 신뢰하는 모든 사람을 위해 계속 이렇게 하신다. 예수님께서 그분의 영을 우리에게 불어넣어 주실 때 하나님 자신의 생명의 씨앗이 우리의 죽은 영으로 들어와서 우리는 생명으로 일으킴을 받고 새롭게 태어난다.

예수께서 [니고데모에게] 대답하여 이르시되 진실로 진실로 네게 이르노니 사람이 거듭나지 아니하면 하나님의 나라를 볼 수 없느니라.요3:3

그런즉 누구든지 그리스도 안에 있으면 새로운 피조물이라 이전 것은 지나갔으니 보라 새 것이 되었도다.고후5:17

너희가 거듭난 것은 썩어질 씨로 된 것이 아니요 썩지 아니할 씨로 된 것이니 살아 있고 항상 있는 하나님의 말씀으로 되었느니라.벧전1:23 또한 벧전1:3-5, 벧후1:4, 딛3:5, 약 1:18, 요일3:9을 참조할 것.

영적 성장

성서는 영적 성장의 세 가지 주요 단계를 말하고 있는데, 그것은 우리의 육체의 성장과정과 일치한다: 유아기, 유년기 그리고 성인기.

첫 단계는 유아기이다:

그러므로 모든 악독과 모든 기만과 외식과 시기와 모든 비방하는 말을 버리고 갓난 아기들 같이 순전하고 신령한 젖을 사모하라 이는 그로 말미암아 너희로 구원에 이르도록 자라게 하려 함이라 너희가 주의 인자하심을 맛보았으면 그리하라.벧전2:1-3

형제들아 내가 신령한 자들을 대함과 같이 너희에게 말할 수 없어서 육신에 속한 자 곧 그리스도 안에서 어린 아이들을 대함과 같이 하노라 내가 너희를 젖으로 먹이고 밥으로 아니하였노니 이는 너희가 감당하지 못하였음이거니와 지금도 못하리라 너희는 아직도 육신에 속한

자로다 너희 가운데 시기와 분쟁이 있으니 어찌 육신에 속하여 사람을 따라 행함이 아니리요._고전3:1-3

유아기의 특징은 도움 없이는 살지 못한다는 점이다. 아기는 모든 것을 채워주는 부모를 철저히 의지한다. 이것은 아기의 외적 필요와 내적 필요 둘 다에 해당한다. 아기가 젖을 필요로 하듯, 또한 끊임없는 연민과 사랑을 필요로 한다.

나는 우는 아기를 벌해야 한다는 친구를 기억하는데, 이 얼마나 말도 안 되는 소리인가! 아기들이 울 때는 단지 뭔가 필요하다는 것을 알리려는 것이다. 아기들이 도움 없이는 살지 못하기 때문에 우리가 어느 정도는 특히 민감해야 한다. 그러나 아기들이 자라날수록 우리는 그들이 가져야 할 책임감의 수위도 높여준다.

영적 성장의 두 번째 단계는 유년기이다. 예수님은 성령에 의해 우리를 깨끗하게 하셔서 우리의 성품에 점점 거룩함을 나타나게 하신다. 그러므로 우리가 먼저는 그리스도 안의 아기였다가 자라나면서 유아기로 접어들어가게 된다. 이것을 또한 요한이 말한 대로 믿음의 "청년" 단계라 할 수 있다.

자녀들아 내가 너희에게 쓰는 것은 너희 죄가 그의 이름으로 말미암아 사함을 받았음이요
아비들아 내가 너희에게 쓰는 것은 너희가 태초부터 계신 이를 알았음이요 청년들아 내가 너희에게 쓰는 것은 너희가 악한 자를 이기었음이

라

아이들아 내가 너희에게 쓴 것은 너희가 아버지를 알았음이요
아비들아 내가 너희에게 쓴 것은 너희가 태초부터 계신 이를 알았음이
요 청년들아 내가 너희에게 쓴 것은 너희가 강하고 하나님의 말씀이
너희 안에 거하시며 너희가 흉악한 자를 이기었음이라. 요일2:12-14

내가 어렸을 때에는 말하는 것이 어린 아이와 같고 깨닫는 것이 어린
아이와 같고 생각하는 것이 어린 아이와 같다가 장성한 사람이 되어
서는 어린 아이의 일을 버렸노라. 고전 13:11

이 단계에서는, 예수님께서 성령에 의해 놀라운 변화의 역사를 하신다
롬12:1-2 변화는 주님의 역할, 즉 우리 안에 주님의 성품이 형성되기 위해
고안된 시련과 환난을 우리가 겪도록 주님께서 허락하시는 역할을 가리
킨다. 이것은 십자가의 경험적 측면이다.

부모의 관점에서 보면, 우리 자녀들이 겪는 이런 성숙의 과정을 지켜본
다는 것이 힘들기는 하다. 좌절이 성장을 낳지만 우리는 우리 자녀들이
실패에서 또 다른 실패로 가는 것을 원치 않는다. 그렇기 때문에, 자녀들
이 위기에 처하고, 넘어지고, 자빠지는 것을 허용하지 않는 부모들은 실
제로는 자녀의 성장을 가로막는 것이다

내 형제들아 너희가 여러 가지 시험을 당하거든 온전히 기쁘게 여기
라 이는 너희 믿음의 시련이 인내를 만들어 내는 줄 너희가 앎이라 인

내를 온전히 이루라 이는 너희로 온전하고 구비하여 조금도 부족함이 없게 하려 함이라. 약 1:2-4

그러므로 너희가 이제 여러 가지 시험으로 말미암아 잠깐 근심하게 되지 않을 수 없으나 오히려 크게 기뻐하는도다 너희 믿음의 확실함은 불로 연단하여도 없어질 금보다 더 귀하여 예수 그리스도께서 나타나실 때에 칭찬과 영광과 존귀를 얻게 할 것이니라. 벧전1:6-7과 벧전4:12-13도 참조할 것.

다만 이뿐 아니라 우리가 환난 중에도 즐거워하나니 이는 환난은 인내를, 인내는 연단을, 연단은 소망을 이루는 줄 앎이로다. 롬5:3-4

오늘날 예수님께서 우리를 징계하고 연단하시는 사역도 이 단계에 포함되어 있다.

무릇 내가 사랑하는 자를 책망하여 징계하노니 그러므로 네가 열심을 내라 회개하라. 계3:19

우리가 판단을 받는 것은 주께 징계를 받는 것이니 이는 우리로 세상과 함께 정죄함을 받지 않게 하려 하심이라. 고전 11:32

연단 대 심판

은혜를 지나치게 강조하는 오류를 범하는 사람들은 예수님께서 우리를 연단하시고 하나님 아버지께서 우리를 징계하신다는 사실을 무시해버린다. 그들은 이렇게 생각한다: 예수님께서 나의 모든 죄를 사하셔서 내가 심판을 받지 않게 되었는데, 어떻게 나를 연단하시고 징계하실 수 있단 말인가?

그러나 성서는 주님께서 그렇게 하신다고 분명하게 말한다. 자기 딸 아이에 대해 다음과 같이 말하는 아버지를 상상해보라:

> 내 딸은 언제나 내 혈육입니다. 나는 언제나 내 딸 아이를 무조건적으로 받아줄 것이고 내 딸과 나의 관계는 결코 끊어지지 않을 것입니다. 내 딸이 무엇을 해도 나는 절대로 그 아이를 버리지 않을 것입니다. 나와 내 딸이 피로 맺어진 이 관계는 결코 변하지 않습니다. 사실, 내 딸을 사랑하는 나의 사랑이 크므로 앞으로 그 아이가 잘못할 것들과 실수할 것들에 관계없이 그 아이는 이미 다 용서받았습니다. 그러나 내 딸이 잘못을 범할 때는 결과가 따라올 것입니다. 나는 그 아이를 징계할 것입니다. 왜냐고요? 나에겐 내 딸이 올바로 행동하도록 훈련할 의무가 있기 때문이고, 내 딸이 자기가 망가뜨린 모든 관계를 스스로 바로잡기를 원하기 때문입니다.

이것은 하나님께도 마찬가지이다. 하나님은 우리를 조건없이 받아주신다. 하나님이 우리 아버지이시고 우리가 하나님의 자녀이기 때문이다. 이것은 불변하는 사실이다. 아울러, 예수님은 자신이 흘리신 피로, 우리가 잘못하기 한참 전에 우리를 용서하셨다. 그러나 하나님은 우리 아버지이시고 우리를 사랑하시므로, 우리가 하나님 안에서의 새 본성에 거듭 어긋나게 행동할 때 우리를 징계하실 것이다. 그리고 예수님은 우리를 연단하실 것이다. 이것은 심판이 아니고 사랑으로 바로 잡아주는 것이다. 그것이 좋게 느껴지지 않을 수도 있다. 하지만 때로는 사랑이 좋게 느껴지지 않는 경우도 있다.

요점: 당신과 내가 그리스도의 피로 과거와 현재와 미래의 모든 죄에서 사함을 받았다고 해서 이것이 우리가 행한 일들의 결과와 무관하다는 뜻은 아니다. 그것은 성령이 근심하지 않거나 소멸되지 않는다는 뜻이 아니다. 그리고 그것은 우리의 특정한 행동이나 태도에 대해 주님께서 기뻐하시지 않을 수 없다는 뜻도 아니다.

우리가 하나님의 사랑을 크게 받는 자녀이기 때문에, 하나님은 우리를 연단하시면서도 동시에 우리를 조건없이 받아주실 수 있다. 이것을 기억하라. 하나님의 궁극적인 목표는 우리로 아들이신 예수님의 형상을 본받게 하시는 것이다.롬8:28-29

> 너희가 참음은 징계를 받기 위함이라 하나님이 아들과 같이 너희를 대우하시나니 어찌 아버지가 징계하지 않는 아들이 있으리요 징계는 다 받는 것이거늘 너희에게 없으면 사생자요 친아들이 아니니라 또 우리 육신의 아버지가 우리를 징계하여도 공경하였거든 하물며 모든 영의 아버지께 더욱 복종하며 살려 하지 않겠느냐 그들은 잠시 자기의 뜻

대로 우리를 징계하였거니와 오직 하나님은 우리의 유익을 위하여 그의 거룩하심에 참여하게 하시느니라 무릇 징계가 당시에는 즐거워 보이지 않고 슬퍼 보이나 후에 그로 말미암아 연단 받은 자들은 의와 평강의 열매를 맺느니라.히12:7-11

사람의 양심

나는 여기서 제 1단원에서 살펴본 것보다 조금 더 깊이, 하나님과 동행하는데 있어서의 사람의 양심과 그 역할에 관해 탐구하고자 한다.

양심을 하늘의 빛이 우리의 영을 통해 비치는 창문으로 생각해보자. 우리가 그리스도 안에 있는 우리의 새로운 본성에 어긋나는 길로 갈 때, 성령은 양심을 통해 우리를 고치고, 질책하고, 불편하게 하신다.

믿는 자의 양심은 죄를 책망하고 의를 인정한다. 우리는 성령 안에서 행하도록 어떻게 우리 양심의 소리에 민감해야 하는지를 배워야 한다. 그리스도인에게 있어, 양심은 우리의 영적 상태를 우리에게 알려주는 내면의 감시 장치이다.

양심은 하나님의 뜻을 우리에게 증거하고롬2:15; 고후 4:2, 진리에 대해 증언한다..롬9:1; 고후1:12, 5:11 바울과 베드로는 믿는 자들에게 스스로의 양심을 따를 것을 권면했다.롬13:5; 고전10:25-29; 벧전 2:19

신약성서는 사람의 양심을 다섯 가지 상태로 묘사한다.

1. 온전하거나 깨끗한 양심.히9:9,14 그리스도의 피로 죄악과 불순종에

서 깨끗하게 된 양심.

2. **선하거나 흠 없거나 거리낌 없는 양심.** 행23:1, 24:16; 딤전 1:5,19, 3:9, 딤후 1:3; 히13:18; 벧전3:16,21 죄악, 불순종 또는 비난에서 자유로운 양심. 믿는 자는 성령 안에서 행하고 자신의 양심의 지시를 받는다. 그 결과, 믿는 자는 하나님과의 거리낌 없는 교제를 경험한다. 창문에 얼룩이 없기 때문에 하나님의 빛이 그들의 영으로 쉽게 들어간다.

3. **악하거나 더럽혀진 양심.** 딛1:15, 히10:22 하나님의 뜻을 거스르는 행동이나 태도에 저항하는 양심.

4. **화인 맞은 양심.** 딤전4:2 바로 잡아주려 하고 저항하는 것을 무시하고 억누르는 양심. 자기 양심의 소리를 끄고 죽이는 사람.

5. **연약한 양심.** 고전8:7-12 다른 사람들에겐 허용되는 것들이 어떤 사람들에게는 잘못이라고 오해하는 양심 바울은 롬 14과 고전8에서 고기를 먹고 포도주를 마시는 예를 들었음.

죄를 짓거나 그런 태도를 고수하면서 양심의 지시를 무시하기가 매우 쉽다. 내가 이것을 잘 아는 이유는 나 자신도 어리석어서 그렇게 한 적이 있기 때문이다.

만일 우리가 성령 안에서 행한다면, 우리의 양심이 우리의 삶을 살피게 해서 잘못을 드러나게 하고, 또 그 책망을 받아들이도록 하는 지혜로운 판단을 하게 될 것이다. 그렇게 하는 것은 우리의 양심을 깨끗하게 하는 그리스도의 피를 적용시켜서, 또 우리가 죄의 결과에서 자유롭게 되도록 회개함으로써 우리의 삶에서 범하는 죄를 다루는 것이다. 이렇게 해서 우리 양심의 창문을 덮고 있는 구름이 제거되어, 하나님의 빛이 막힘 없이 통과할 수 있게 된다.

사실인즉, 우리가 하나님과 더 친밀하게 동행할수록 우리는 내면에 있는 우리 양심의 감시 장치에 더 예민해질 수 있다.

형태를 만드시는 분과 형태

예수님은 형태와 형태를 만드시는 분 둘 다이시고, 모양과 모양을 만드시는 분 둘 다이시다. 즉, 예수님 자신이 우리 안에 들어오셔서 우리를 그분의 영광스러운 형상으로 빚으시면서 특별히 다음과 같은 일을 하신다.

- 예수님은 우리의 몸을 통해 자신의 생명을 나타내신다. 고후4:10-11
- 예수님은 우리의 마음에 계신다. 엡3:17
- 예수님은 우리에게 지혜와 의로움과 거룩함과 구원함이 되신다. 고전1:30
- 예수님은 우리를 세우신다. 롬14:4
- 예수님은 우리의 길을 인도하신다. 살전3:11
- 예수님은 우리의 마음을 인도하여 하나님의 사랑으로 들어가게 하신다. 살후3:5
- 예수님은 우리에게 총명을 주신다. 딤후2:7
- 예수님은 우리에게 마땅한 일을 계시하신다. 몬8

- 예수님은 우리 곁에 서서 힘을 주신다. 딤후4:17

- 예수님은 우리를 살피신다. 고전4:4

- 예수님은 우리를 악한 자에게서 지키신다. 살후3:3

- 예수님은 다른 사람들에 대한 우리의 사랑을 "더욱 많아 넘치게" 하신다. 살전3:12

- 예수님은 우리의 마음을 굳건하게 하신다. 살전3:13

- 예수님은 모든 환경에서 우리에게 평강을 주신다. 살후3:16

- 예수님은 우리의 삶에서 주님의 온전한 인내를 보여주신다. 딤전1:16

- 예수님은 우리를 오늘날의 악한 세대에서 건지신다. 갈1:4

- 예수님은 우리를 모든 악한 일에서 건져내시고 또 그의 천국에 안전하게 들어가도록 하신다. 딤후4:18

- 예수님은 우리를 속량하시고 깨끗하게 하신다. 딛2:14

- 예수님은 우리를 형제라 부르시기를 부끄러워하시지 않는다. 히 2:11

- 예수님은 우리의 죄를 속량하신다. 히2:17

- 예수님은 우리가 시험 받을 때 우리를 능히 도우신다. 히2:18, 4:14-16

- 예수님은 그분의 집을 지으시고, 우리는 그 집의 일부이다. 히3:3

- 예수님은 경건한 자를 시험에서 건지실 줄 아신다. 벧전2:9

우리는 그리스도를 향해 자라가면서 유년기에서 성인기로 옮겨간다. 성서는 이런 성숙 단계를 그리스도의 장성한 분량에 이르는 것으로 묘사한다.

우리가 다 하나님의 아들을 믿는 것과 아는 일에 하나가 되어 온전한 사람을 이루어 그리스도의 장성한 분량이 충만한 데까지 이르리니 이는 우리가 이제부터 어린 아이가 되지 아니하여 사람의 속임수와 간사한 유혹에 빠져 온갖 교훈의 풍조에 밀려 요동하지 않게 하려 함이라 오직 사랑 안에서 참된 것을 하여 범사에 그에게까지 자랄지라 그는 머리니 곧 그리스도라.엡4:13-15

때가 오래 되었으므로 너희가 마땅히 선생이 되었을 터인데 너희가 다시 하나님의 말씀의 초보에 대하여 누구에게서 가르침을 받아야 할 처지이니 단단한 음식은 못 먹고 젖이나 먹어야 할 자가 되었도다 이는 젖을 먹는 자마다 어린 아이니 의의 말씀을 경험하지 못한 자요.히 5:12-13

그러므로 우리가 그리스도의 도의 초보를 버리고 죽은 행실을 회개함과 하나님께 대한 신앙과 세례들과 안수와 죽은 자의 부활과 영원한 심판에 관한 교훈의 터를 다시 닦지 말고 완전한 데로 나아갈지니라 하나님께서 허락하시면 우리가 이것을 하리라.히6:1-3

신약성서가 영적 성숙의 이 단계를 묘사하려고 사용하는 다른 용어가 있는데 그것은 양자로 **삼는 것**adoption 이라는 단어이다.

신약성서에서 양자로 삼는 것은 오늘날의 입양과는 다르다. 신약성서의 저자들은 양자로 삼는 것을 "아들로 삼는 것"이라고 말한다.

1세기의 자식은 하인과 별반 다르지 않았다. 그래서 자식을 온전한 자식의 신분으로 만들려고 장기간 훈련 받고 준비되도록 가정교사tutor, 몽학선생를 두어 아버지의 방식과 의도와 정신을 자식에게 전수하도록 했다. 따라서 양자로 삼는 것은 이미 자기 자식인 아이를 온전한 아들 신분의 위치에 두게 하는 것이었다.

결과적으로, 양자로 삼는 것은 관계적인 용어가 아니라 신분에 관한 용어이다. 그리스도인인 당신은 새로운 출생에 의해 태어난 하나님의 자식이다. 하지만 양자로 삼는 것은 당신을 성인이 된 자식 신분의 위치에 두시려고 하나님께서 하시는 일이다.갈4:1-5

그리스인과 로마인과 유대인 가정은 자녀들을 양자로 삼았다. 출생에 의해 그들은 자식이 되었지만, 연단과 훈련이 그들을 양자가 되게 해서 아들의 온전한 분량에 이르게 했다.

간단히 말하자면, 자식은 하나님의 본성을 지녔고, 아들은 하나님의 성품을 가진다.

자식들은 하나님께서 낳으시고, 아들들은 하나님에게 가르침을 받는다. 신약성서에서 "아들들"과 "형제들"은 여자들을 포함한다는 사실을 주목하라.

하나님은 "많은 아들들을 이끌어 영광에 들어가게" 하시기를 바라신다.히2:10 그리고 그 아들들하나님의 딸들을 포함해서이 살아있는 성전으로 "함께 지어져" 가게 하시기를 원하신다.엡2:20-22 따라서 몸의 다른 지체와 연결되는 것은 그리스도를 향해 자라나는데 있어 필수이다.

새 그리스도인들을 위한 권고

그리스도인의 삶을 시작하는 것은 쉽고, 그 마지막은 즐겁다. 그러나 그 시작과 마지막의 사이엔 격렬한 싸움이 일어나서 많은 사람이 떨어져 나간다.

믿음의 진짜 테스트는 우리가 가는 여정 중간에 온다. 예수님은 하나님의 길을 열고 걸어가시는 선구자요, 개척자요, 순례자이시다. 이것은 그리스도께서 우리의 믿음을 시작하시는 분이고 또 온전케 하시는 분이라는 뜻이다.

예수님은 길을 개척하셨을 뿐만 아니라 또한 순례의 여정을 완성하신 분이다. 그리고 예수님께서 밟고 도착하셔서 기다리시는 곳으로 예수님의 사람들도 따라오도록 힘을 주신다.

> 이러므로 우리에게 구름 같이 둘러싼 허다한 증인들이 있으니 모든 무거운 것과 얽매이기 쉬운 죄를 벗어 버리고 인내로써 우리 앞에 당한 경주를 하며 믿음의 주요 또 온전하게 하시는 이인 예수를 바라보자 그는 그 앞에 있는 기쁨을 위하여 십자가를 참으사 부끄러움을 개의치 아니하시더니 하나님 보좌 우편에 앉으셨느니라 너희가 피곤하여 낙심하지 않기 위하여 죄인들이 이같이 자기에게 거역한 일을 참으신 이를 생각하라. 히12:1-3

내가 열 여섯 살 때 구원을 받고 너무 기쁜 나머지 구름 위를 걷는 듯 했을 때, 누군가가 다음 사실들을 나에게 알려주었으면 얼마나 좋았을까!

이 목록은 새 신자들을 위해 일반적으로 추천하는 것성서를 읽으시오, 정기적으로 기도하시오, 성도의 교제에 참여하시오, 등등 그 이상이다. 나는 그것들이 "주어진 것"이기 때문에 언급하는 것이 아니다.

그 목록에는 무슨 순서나 우선순위가 있지 않다. 오히려, 이 목록은 믿는 자로서 순례하는 당신의 여정을 위해 얼마간의 솔직한 통찰력과 실제적인 충고를 제공한다.

- 그리스도인들이 당신의 마음을 상하게 할 것이다. 당신이 겪을 가장 큰 아픔은 동료 신자들에게서 오게 될 것이다.
- 그리스도를 고백하는 모든 사람이 그리스도를 아는 것은 아니다. 진짜 믿음의 열매는 사랑이다. 즉, 당신이 받고자 하는 대로 다른 사람을 대접하는 것이다.
- 하나님은 당신의 모든 기대에 미치지 못할 것이고, 때로는 하나님 자신이 약속하신 일들을 이행하시지 않는 것처럼 보일 것이다.
- 당신은 하나님의 임재가 느껴지지 않는 메마름의 시기를 경험하게 될 것이다. 감정이 아닌 믿음으로 사는 법을 배우라.
- 책 읽기를 습관화해서, 출간된 좋은 기독교 서적들을 읽으라. "대중적인" 기독교 서적에 시간을 낭비하지 말고 깊이 있는 책들을 읽으라.
- 당신의 목표들을 기록하라.목표 = 꿈 = 기도 제목 그리고 기도가 응답받을 때나 목표가 달성될 때 기록으로 남겨두라.
- 당신이 그 사람들의 처지에 있어본 적도 없으면서 절대로 다른 그

리스도인들을 판단하지 말라. 언제나 다른 사람들의 최선을 생각하라. 마7:12

- 멘토를 택하되, 절대로 불안정한insecure 사람이나, 다른 사람들에 대해 부정적인 말을 하는 사람이나, 자기를 과신하는 사람은 피하라.

- 당신이 지금 겪고 있는 문제들 중 어떤 것들은 당신이 늙어서도 겪게 될 것이다. 정죄하는 것을 이겨내라. 롬8:1

- 당신이 지금 얻었다고 생각하는 답들 중 많은 것이 나중에는 부적절하다고 판명될 것이다. 언제나 배울 자세를 고수하고 하나님 나라에서 어린 아이가 되라.

- 당신이 답을 알지 못할 때는 다른 사람의 성서적, 신학적 질문에 대해 답을 아는 체 하지 말라. "나는 모릅니다" 라고 말하는 것을 배우라.

- 당신이 그리스도 안에서 누구인지를 발견하고, 내재하는 주님의 생명에 의해 사는 것의 의미가 무엇인지를 배우라.

우리를 영광스럽게 하시는 분

언젠가는 예수님께서 우리를 영광스럽게 하시고 자신의 몸과 똑같은 몸을 주실 날이 오게 될 것이다. 이런 현상을 영화glorification라고 부른다.

영화는 생명의 가장 고귀한 표현이다. 꽃이 만발했을 때 그 꽃은 영화롭게 되었다고 할 수 있다. 깊은 영성 작가에 속하는 앤드류 머레이의 말을 빌리자면, "영화롭게 하는 것은 어떤 대상의 숨겨진 우수함과 가치를 나타내는 것이다."3)

언젠가는 예수님께서 이 세상에 우리의 아들 됨그리고 딸 됨을 나타내실 날이 오게 될 것이다. 예수님은 그분의 몸과 똑같은 부활한 몸, 곧 영화된 몸을 우리에게 주실 것이다. 우리에게 처음 들어온 하나님 생명의 씨앗은 가장 충만하고 고귀한 가능성으로 자라나게 될 것이다.

> 그는 만물을 자기에게 복종하게 하실 수 있는 자의 역사로 우리의 낮은 몸을 자기 영광의 몸의 형체와 같이 변하게 하시리라.빌3:21

> 또 미리 정하신 그들을 또한 부르시고 부르신 그들을 또한 의롭다 하시고 의롭다 하신 그들을 또한 영화롭게 하셨느니라.롬8:30

> 죽은 자의 부활도 그와 같으니 썩을 것으로 심고 썩지 아니할 것으로 다시 살아나며 욕된 것으로 심고 영광스러운 것으로 다시 살아나며 약한 것으로 심고 강한 것으로 다시 살아나며 육의 몸으로 심고 신령한 몸으로 다시 살아나나니 육의 몸이 있은즉 또 영의 몸도 있느니라. 고전15:42-44

> 사랑하는 자들아 우리가 지금은 하나님의 자녀라 장래에 어떻게 될지는 아직 나타나지 아니하였으나 그가 나타나시면 우리가 그와 같을

---

3) Andrew Murray, The Spirit of Christ (London: James Nisbet, 1988), 106.

줄을 아는 것은 그의 참모습 그대로 볼 것이기 때문이니. 요일3:2

이것은 다 오늘날 예수님께서 하시는 사역 중 일부이다. 그것은 예수님이 우리 안에서 시작하신 일을 완성하는 것이다.

중심에서 주변으로

일반적인 견해와는 달리, 영적 성장은 밖에서 안으로 일어나지 않는다. 그것은 안에서 밖으로 일어나는 것이다.

사실인즉, 당신이 회개하고 그리스도를 믿을 때 주님은 당신 안에 씨앗으로 들어오신다. 즉, 창조된 적이 없는, 신성한 주님 자신의 생명이 당신의 가장 깊은 곳에 거주한다. 당신은 성령에 의해 내재하는 그리스도의 생명을 받았다.

그리고 당신이 알다시피, 그 주님의 생명의 씨앗은 당신의 영혼당신의 마음, 의지, 감정을 지배하고자 싹을 틔우기 시작한다. 이것이 바로 변화 그 자체이다. 그리고 궁극적으로 하나님 생명의 씨앗은 당신의 몸 전체를 지배하게 될 것이다. 영화롭게 됨

그러므로 변화와 제자도의 결정적인 요소는 내재하는 그리스도의 생명에 의해 사는 법을 배우는 것이다. 예수님은 그리스도인의 삶을 사는데 있어 우리의 표본이 되신다. 하지만 예수님께서 어떻게 그런 삶을 사셨는가?

예수님은 어떤 외적인 방법에 의해 그리스도인의 삶을 사시지 않았다.

오히려, 내재하는 아버지의 생명에 의해 사셨다.

그리스도께서는 죽음에서 부활하시고 하늘로 올라가신 후, 그분의 사람들 안에서 그리고 그들을 통해서 그분의 생명을 사시려고 성령으로 돌아오셨다. 그래서 그 통로가 아버지에게서 아들에게로, 아들에게서 우리에게로 옮겨졌다.

예수 그리스도는 지금 우리의 내재하시는 주님이시다.

오늘날 예수님을 따르는 것과 제자가 되는 것에 관해 말하는 사람들은 많지만, 내재하는 그리스도의 생명에 의해 사는 법을 찾는 데는 대부분 문외한들이다. 이것은 비극적이며, 동시에 역설적이다. 왜냐하면, 우리가 주님의 생명에 의해 사는 법을 알지 못하고는 주님을 따를 수도 없고 올바른 주님의 제자가 될 수도 없기 때문이다.

하나님을 기쁘시게 함

우리는 제 1장에서 하나님께서 아들의 흘리신 피에 기초하여 우리를 온전히 받아주신 것에 관해 살펴보았다. 만일 당신이 하나님에게서 독립하여 살아온 삶에서 돌아섰고회개 예수님을 주님과 구원자로 모시고 당신의 삶을 의탁했다면믿음, 당신은 그리스도 안에 있고, 하나님께서는 당신을 거룩하고, 흠 없고, 점 없는 존재로 아무런 조건 없이 받아주신 것이다.

그렇지만, 당신의 행실에 관해서는 하나님께서 기뻐하실 수도 있고, 그렇지 않을 수도 있다.

자식을 사랑하는 아버지를 생각해보라. 그가 자식 하나하나를 사랑하고 받아주는 것은 그들이 삶에서 잘못된 결정을 내린다 해도 결단코 변하지 않는다.

하지만 아버지가 자식을 받아주고 사랑할지라도 어떤 자식들은 아버지를 기쁘게 하는 반면, 어떤 자식들은 아버지를 슬프게 할 것이다.

이것을 잘 구별해야 한다.

받아주는 것과 사랑은 그리스도 안에서 조건이 없지만, 하나님을 기쁘시게 하는 것은 우리의 선택에 달려 있다.

아래의 구절들은 신약성서에 나오는, 하나님을 기쁘시게 하는 것에 관해 우리에게 통찰력을 주는 본문들이다. 이 본문들이 당신을 격려하고 또 고무시켜줄 것이다.

육신에 있는 자들은 하나님을 기쁘시게 할 수 없느니라. 롬 8:8

내게는 모든 것이 있고 또 풍부한지라 에바브로디도 편에 너희가 준 것을 받으므로 내가 풍족하니 이는 받으실 만한 향기로운 제물이요 하나님을 기쁘시게 한 것이라. 빌 4:18

자녀들아 모든 일에 부모에게 순종하라 이는 주 안에서 기쁘게 하는 것이니라. 골 3:20

그러므로 내가 첫째로 권하노니 모든 사람을 위하여 간구와 기도와 도고와 감사를 하되 임금들과 높은 지위에 있는 모든 사람을 위하여

하라 이는 우리가 모든 경건과 단정함으로 고요하고 평안한 생활을 하려 함이라 이것이 우리 구주 하나님 앞에 선하고 받으실 만한 것이 니.딤전2:1-3

믿음이 없이는 하나님을 기쁘시게 하지 못하나니 하나님께 나아가는 자는 반드시 그가 계신 것과 또한 그가 자기를 찾는 자들에게 상 주시는 이심을 믿어야 할지니라.히11:6

오직 선을 행함과 서로 나누어 주기를 잊지 말라 하나님은 이같은 제사를 기뻐하시느니라.히13:16

이미 알고 있는 당신 자신이 되는 것

내가 나의 책 *Revise Us Again*에서 언급했듯이, 영적 성장은 이미 알고 있는 당신 자신이 되는 것의 문제이다. 당신은 그리스도인으로서 이미 "주 안에서 빛"이다. 이것이 사실이므로 바울은 우리에게 "빛의 자녀들처럼 행하라"고 권면했다.엡5:8

바울은 에베소서에서 두 번씩이나 상호간에 "사랑 안에서 진리를 말하라"고 했다.엡4:15,25 문맥상으로 보면, 바울은 하나님의 사람들에게 다음과 같은 사실을 피차 상기하라고 권면한 것이다: 너희가 그리스도 안에서 누구인지를 서로 상기하라. 너희가 새 사람을 입은 것을 서로 상기하라. 너희의 진짜 정체성이 무엇인지를 서로 상기하라. 왜냐하면, 그것이 너무 쉽게 잊혀지기 때문이다.

만일 당신이 예수 그리스도를 구원자와 주님으로 모셨다면, 여기에 당신이 **진짜** 누구인지를 알려주는 목록이 있다. 이 목록을 주의 깊게 읽으면 당신의 주님이 얼마나 대단하고 위대하신지, 그리고 주님이 당신을 위해 무엇을 하셨는지 놀라게 될 것이다.

- 당신은 그리스도 안에서 충만해졌다. 그는 "모든 통치자와 권세의 머리"이시다. 골2:10
- 당신은 그리스도와 함께 십자가에 못 박혔다. 갈2:20
- 당신은 죄에 대하여 죽었다. 롬6:2
- 당신은 그리스도와 함께 살리심을 받았다. 엡2:5
- 당신은 "죄와 사망의 법에서" 해방되었다. 롬 8:2
- 당신은 하나님에게서 났기 때문에 악한 자가 당신을 만지지도 못한다. 요일5:18
- 당신은 사랑 안에서 주님 앞에 거룩하고 흠이 없다. 엡1:4 또한 벧전 1:16도 참조할 것
- 당신은 모든 지각에 뛰어난 하나님의 평강을 부여 받았다. 빌4:7
- 당신은 당신 안에 사시는 대단한 분을 모시고 있다. "너희 안에 계신 이가 세상에 있는 자보다 크심이라" 요일4:4
- 당신은 "의의 선물"을 받았고 예수 그리스도를 통하여 "생명 안에서 왕 노릇" 하게 되었다. 롬5:17
- 당신은 예수님을 아는 "지혜와 계시의 영"을 받았다. 엡1:17-18

- 당신은 당신에게 능력 주시는 자 안에서 모든 것을 할 수 있다. 빌 4:13

- 당신은 당신을 "어두운 데서 불러 내어 그의 기이한 빛에 들어가게 하신" 하나님의 "아름다운 덕을 선포" 한다. 벧전2:9

- 당신은 썩지 않을 씨인 하나님의 말씀으로 거듭난 하나님의 자녀 이다. 벧전1:23 또한 요1:12도 참조할 것

- 당신은 "그리스도 예수 안에서 선한 일을 위하여 지으심을 받은" 하나님의 걸작품이다. 엡2:10

- 당신은 그리스도 안에서 "새로운 피조물" 이다. 고후5:17

- 당신은 "하나님께 대하여는 살아 있는 자" 이다 롬 6:11

- 당신은 하나님의 상속자이고 그리스도의 공동 상속자이다. 롬 8:17

- 당신은 당신을 사랑하시는 이로 말미암아 넉넉히 이긴다. 롬 8:37

- 당신은 그리스도의 피 덕분에 하나님께 가까워졌다. 엡 2:13

- 당신은 하나님께 사랑 받는 존재이다. 요일 4:10

- 당신은 아버지께서 예수님을 사랑하시는 것과 똑 같이 사랑하시 는 존재이다. 요 17:23

- 당신은 "율법의 저주"에서 속량 받았다. 갈 3:13

- 당신은 모든 것에서 해방되었다. 행13:39

- 당신은 지금 하나님의 자녀이다. 요일3:2

- 당신은 "세상의 소금" 이다. 마5:13

- 당신은 하나님과 화목하게 되었다. 고후5:18

- 당신은 하나님이 사랑하시는 아들 안에서 받아주신 존재이다. 엡

1:6

- 당신은 하나님의 능력으로 견고하게 되었다. 고전1:8
- 당신은 그리스도 안에서 자유를 얻었다. 요8:36; 갈5:1
- 당신은 그리스도의 손 안에 있다. 그러므로 그 손에서 당신을 빼앗을 자가 없다. 요10:28
- 당신은 아버지의 손 안에 있다. 그러므로 그 손에서 당신을 빼앗을 자가 없다. 요10:29
- 당신은 "어린 양의 피"와 당신이 증거하는 말씀에 의해 이겼다. 계12:11
- 당신은 하나님의 신성한 성품에 참여하는 자가 되었다. 벧후1:3-4
- 당신은 "택하신 족속이요 왕 같은 제사장들이요 거룩한 나라요 그의 소유가 된 백성"에 속했다. 벧전2:9
- 당신은 그리스도 예수 안에서 "하나님의 의"가 되었다. 고후5:21
- 당신은 "성령의 전"이다. 고전6:19
- 당신은 "세상의 빛"이다. 마5:14
- 당신은 하나님께서 택하신, 긍휼과 자비와 겸손과 온유와 오래 참음으로 옷 입은 자이다. 롬8:33; 골 3:12
- 당신은 그리스도의 피로 말미암아 속량 곧 죄 사함을 받았다. 엡 1:7
- 당신은 흑암의 권세에서 건져낸 바 되어 그의 사랑의 아들의 나라로 옮겨졌다. 골1:13
- 당신은 "옛 사람"을 벗어버리고 "새 사람"을 입었다. 골3:9-10
- 당신은 예수님께서 "채찍에 맞음으로" 나음을 얻었다. 벧전2:24

- 당신은 그리스도와 함께 살아나서 "하늘에" 앉히신 바 되었다. 엡 2:6; 골 2:12

- 당신은 세상을 이겼다. 요일5:4

- 당신은 하나님의 사랑을 많이 받는다. 롬1:7; 엡 2:4; 골 3:12; 살전 1:4

- 당신은 "그의 영광의 힘을 따라 모든 능력으로 능하게" 되었다. 골 1:11

- 당신은 두려워하는 마음이 아닌 오직 능력과 사랑과 절제하는 마음을 받았다. 딤후1:7

- 당신은 그리스도께서 당신 안에 사시는 존재이다. 갈2:20

- 당신은 성도 곧 거룩한 자이다. 골1:2

- 당신은 주와 합하는 "한 영"이다. 고전6:17

- 당신은 하나님 앞에 거룩하고 흠 없고 책망할 것이 없는 자이다. 골 1:22

- 당신은 그리스도의 몸에 속한 지체이다. 고전12:27

- 당신은 "생명과 경건에 속한 모든 것"을 받았다. 벧후1:3

- 당신은 "주 안에서 빛"이다. 엡5:8

- 당신은 "그리스도 안에서 하늘에 속한 모든 신령한 복"을 받았다 엡1:3

- 당신은 "창세 전에" 그리스도 안에서 택함을 받았다. 엡1:4

- 당신은 믿음으로 의롭다 하심을 받았다. 마치 당신이 전혀 죄를 지은 적이 없는 것처럼 롬5:1

- 당신은 "참 포도나무"의 가지이다. 요15:1,5

- 당신은 "하나님께로부터 난 자"이다. 요일5:18

- 당신은 예수 그리스도를 통해 "은혜의 보좌" 앞에 직접 나가게 되었다. 히4:14-16

- 당신은 정죄에서 자유롭고, 아무도 당신을 고발하거나 정죄할 수 없다 롬 8:1, 32-34

- 당신은 하나님에 의해 굳건함을 받았고, 기름부음을 받았고, 인치심을 받았다. 고후1:21-22

- 당신은 그리스도와 함께 하나님 안에 감추어졌다. 골 3:1-4

- 당신은 하늘의 시민이다. 빌3:20

- 당신은 하나님과 화평케 되었다. 롬5:1

- 당신은 "영생"을 얻었다. 요5:24

- 당신은 하나님의 능력으로 보호하심을 받았다. 벧전1:5

- 당신은 하나님으로부터 나서 그리스도 예수 안에 있다. 고전1:30

- 당신은 그리스도 예수 안에 있는 하나님의 사랑에서 끊어질 수 없다. 롬8:35-39

- 당신은 주님의 기업의 부분을 얻기에 합당한 존재이다. 골1:12; 엡 1:14

- 당신은 그리스도의 신부에 속한 지체로서 예수님이 귀히 여기시는 예수님의 **뼈** 중의 **뼈**요, 살 중의 살이다. 엡5:29-32

- 당신은 하나님을 위한 왕이고 제사장이다. 계1:6

- 당신은 구원의 날까지 약속의 성령에 의해 인치심을 받았다. 엡 1:13, 4:30

- 당신 안에서 착한 일을 시작하신 하나님께서 그것을 이루실 것이

다 빌1:6

- 하나님은 다른 사람들이 당신을 대적할 때 당신을 위하신다. 롬 8:31

예수님은 우리의 구원자이시다. 예수님은 그분의 죽음, 장사, 부활, 승천이라는 기반 위에서 죄의 형벌로부터 우리를 구원하시고, 죄의 권세에서 우리를 구원하시고, 궁극적으로 죄의 존재 자체로부터 우리를 구원하실 것이다.

예수님은 우리의 구원자로서 우리를 "온전히" 구원하시고 히 7:25 그분이 시작하신 일을 우리 안에서 완성하실 것이다. 실로, 예수님은 우리 믿음의 주요 온전하게 하시는 이이시다.

제5장
에클레시아의 건축가

내가 이 반석 위에 내 교회를 세우리니 음부의 권세가 이기지 못하리라
마태복음 16장 18절

당신이 사는 동네에 당신 친구가 집을 샀다고 가정해보라. 당신이 근처에 살고 있는 그 친구의 집을 자주 방문했는데, 그 집은 보기에 훌륭했다. 그런데 하루는 뭔가 이상해서 가보니 건축 인부들이 와서 집 전체의 리모델링을 시작하고 있었다. 그 친구 집은 그냥 그대로 놔둬도 정말 괜찮은 집이었으므로 당신은 놀랄 수 밖에 없었다.

당신은 멀쩡한 캐비닛들이 다른 것들로 교체되고, 문짝과 창문들도 뜯겨 나가는 것을 지켜봐야 했다. 또 벽도 교체되고, 바닥도 뜯겨서 다르게 꾸며지는 것을 보고 있었다.

왜 이런 리모델링을 해야 했을까? 그것은 그 집의 자재가 전부 **좋은** 것이었을지라도 그것들이 당신의 친구가 갖고 있던, 집에 대한 궁극적인 비전과는 달랐기 때문이다. 내 친구는 그 집의 주인으로서 그 집이 얼마나 좋고 멋있는지는 관심이 없었고, 오직 그의 비전에 따라 지어진 집에만 관심을 가졌다. 그리고 그럴 수 밖에 없는 것이, 그 집은 그 친구의 소유

였기 때문이다.

이 이야기는 그리스도인의 삶에도 적용된다. 우리가 성서를 주의 깊게 읽는다면, 하나님께서 우주를 창조하신 이후로 건축 프로젝트를 진행해 오셨음을 알 수 있다. 그리고 하나님은 하늘의 비전과 영원한 목적에 따라 그것을 완성하시는데 전념하신다는 것을 알 수 있다.

우리가 그리스도 안에서 하나님을 지혜로운 건축가로 더 알게 되면서, 이 진리를 성서 전체에서 발견하게 된다. 그리스도의 승천으로 말미암은 첫 번째로 가장 중요한 결과가 에클레시아의 탄생임을 생각해보라.

마가는 예수님께서 승천하신 이후 사도들과 "함께 역사하사" 표적으로 말씀을 "확실히 증언"하셨다고 했다..막16:20

무엇을 위해 그렇게 하셨는가? 이 땅에 주님의 에클레시아를 건축하시기 위해서이다.

히브리서는 예수 그리스도가 우리의 대제사장이실 뿐만 아니라 우리의 사도, 즉 하나님의 집을 짓는 건축가가 되신다고 우리에게 말해준다.

그러므로 함께 하늘의 부르심을 받은 거룩한 형제들아 우리가 믿는 도리의 사도이시며 대제사장이신 예수를 깊이 생각하라 그는 자기를 세우신 이에게 신실하시기를 모세가 하나님의 온 집에서 한 것과 같이 하셨으니 그는 모세보다 더욱 영광을 받을 만한 것이 마치 집 지은 자가 그 집보다 더욱 존귀함 같으니라 집마다 지은 이가 있으니 만물을 지으신 이는 하나님이시라.히3:1-4

주 예수님은 두 가지 방법으로 자신의 에클레시아를 지으신다: (1) 그분의 일꾼들을 부르셔서 그분의 교회를 개척하고 성도들을 온전케 함으로 그리고 (2) 그분의 사람들에게 영적 은사들을 주심으로.

이점에 대하여 나는 종종 이런 질문을 받곤 한다: "당신은 다섯 가지 사역을 믿습니까? 그리고 하나님께서 오늘날 그 사역들을 회복하신다고 믿습니까?" 나는 이 장에서 그 질문들에 답하고자 한다. 왜냐하면, 그 질문들이 오늘날 예수님께서 그분의 에클레시아를 어떻게 건축하시는지에 직결되기 때문이다. 이 장을 시작하면서 내가 언급했던 이야기와 이 책에서 내가 제시해온 더 심오한 진리에 결부해서 내가 했던 말을 참고하기 바란다.

우리 하나님은 쓸모 없고 동떨어진 관념적 교리들에는 별로 관심이 없으시다. 하나님은 하늘의 건축 계획에 전념하시고, 또 그 계획에 따라 일하신다. 우리의 주님은 형식보다는 기능성에 더 큰 관심을 갖고 계신다.

나의 대답은 "다섯 가지 사역"이 뜻하는 바를 주로 다룬다. 달리 말하자면, 우리가 어떤 다섯 가지 사역을 말하는가? "다섯 가지 사역"의 회복에 관한 200년 묵은 교리를 말하는가? 아니면, 바울이 에베소서 4장 9-16절에서 염두에 두었던 예수님께서 승천하실 때 주신 은사들을 말하는가?

교리를 만드는 것

19세기에 영국의 그리스도인들은 다가올 천년 왕국에 관한 묵시적 예언들을 받아들이기에 한창이었다. 프랑스 혁명이 가져온 지각변동이 하나님의 사람들에게 남긴 것은 모든 것을 바로 세우는 평화의 시대를 바라는 갈망이었다.

스코틀랜드의 장로교 목사였던 에드워드 어빙은 1824년에 다섯 가지 사역[사도, 예언자, 복음 전하는 자, 목사와 교사]이 교회에서 자취를 감췄으므로 회복해야 한다는 것을 가르치기 시작했다. 어빙은 이 사역들의 회복이 이 땅에 세워질 그리스도의 천년 왕국으로 안내해줄 것이라고 했다.

어빙과 그를 따르는 사람들은 1832년에 카톨릭 사도 교회[Catholic Apostolic Church]를 창립했다. 그 주된 목적은 물론 다섯 가지 사역을 회복해서 천년 왕국을 도래하게 하자는 것이었다. 그 교회는 예수님께서 택하셨던 원래의 열 두 사도에 버금가는 마지막 때의 "사도" 열 두 명을 임명했다. 그리고 잉글랜드에서 온 부유한 은행가 헨리 드러먼드가 그 교회의 지도자가 되어, 자신을 가장 높은 지위인 "스코틀랜드의 사도"로 임명했다.

그들의 예언에 의하면, 이 열 두 사도가 그리스도가 재림하시기 전에 이 땅에 등장하는 마지막 사도들이었다. 이것은 3세기 때 스스로를 빛의 사도이자 예수님의 맨 마지막 사도라고 주장했던 페르시아의 마니[Mani of Persia]가 부활한 것이나 다름없었다.

결국 카톨릭 사도 교회의 열 두 사도는 죽었고[마지막 사도가 1901년에 죽었음], 그들이 죽자 그 교회는 영국에서 사라져버렸다. 하지만 독일에서는 그 카톨릭 사도 교회가 새로 열 두 명의 사도를 임명해서 새 사도 교회[New Apostolic Church]라는 이름으로 계속되었다.

1896년에는, 이전 미국 회중교회 목사였던 존 알렉산더 도위라는 사람이 크리스천 카톨릭 교회[Christian Catholic Church]를 창립했다. 도위는 1901

년에 5천 명의 추종자들과 함께 일리노이주 북동쪽에서 시온성City of Zion을 세웠다. 그는 1904년에 자신이 하나님께서 임명하신 첫 번째 사도라고 발표하고는, 그의 추종자들에게 사도적 기독교의 완전한 회복을 기대하라고 했다. 그러다가 1906년에 시온성의 신자 집단은 붕괴하기 시작했고, 도위는 그 다음 해에 세상을 떠나고 말았다.

1906년에 캘리포니아주의 로스앤젤레스에서 일어났던 그 유명한 아주사 스트리트 부흥운동Azusa Street revival 이후에 다섯 가지 사역의 회복과 "그리스도의 재림 직전에 있을 성령의 강력한 역사"에 대한 중요성이 다시 대두되었다. 그리고 새로운 세대의 사도들이 출현했다. 루이지 프랜시스컨"이탈리아의 사도", 이반 보로나프"슬라브의 사도", 그리고 T. B. 바라트"유럽의 사도" 등이 그들이다.

웨일즈, 뉴질랜드, 오스트레일리아, 캐나다 그리고 미국의 오순절 교단들은 그들의 교단을 다스리는 사도들의 그룹을 선출해서 임명했다.

시간이 흘러, 다섯 가지 사역 교리의 회복은 다소 주춤해졌지만, 1948년에 캐나다의 사스케츄완주 노스 배틀포드에 있는 새런 고아원이 낳은 부흥운동과 함께 다시 등장했다. 늦은 비 운동의 새로운 체재The New Order of the Latter Rain movement라고 불리는 이것은 이 땅에 "하나님의 아들들을 드러내는 것"을 준비하려고 다섯 가지 사역의 회복이 있을 것이라는 예언에 기초했다.

그러나 부흥의 물결이 수그러들었을 때 다섯 가지 사역 교리의 회복은 다시 주춤해졌다가, 1960년대 말의 은사 운동Charismatic movement에서 부활했다. 그러다가 1970년대 말에 그 교리의 열기가 다시 식어지기 시작했다가, 1990년대 중반에 몇몇 사람들이 새로운 열망으로 그것을 부활시켰다.

1996년에 피터 와그너는 풀러 신학대학원에서 초교파 교회를 위한 전국 토론회National Symposium on the Post-Denominational Church라는 이름의 컨퍼런스를 개최했다. 이 컨퍼런스는 신사도 운동the New Apostolic movement이라고 불리는 새로운 운동을 낳았다. 즉, 이것은 와그너가 주장하는 바 새로운 방식으로 하는 교회들이 전 세계를 휩쓸 것이라는 운동이다. 이 운동에 속했던 교회들은 신사도 운동 교회New Apostolic churches라는 꼬리표가 붙게 되었다.

와그너는 1999년에 이 운동을 발전시켜 그 자신을 대표 사도로 하는 사도들의 국제 연대the International Coalition of Apostles로 조직했다. 그 운동은 오늘날 다섯 가지 사역을 회복하고 있다고 주장한다.

여담이지만, 신사도 운동을 하는 교회들은 목사를 종종 "사도" 라고 고쳐 부르는 '흔해빠진 은사주의 교회'vanilla Charismatic churches라는 뜻라 할 수 있다.

요점: 다섯 가지 사역의 회복 교리는 180년 이상 묵은 교리로써 이 운동에서 저 운동으로 갈아타며 재포장되어왔다.

마차로 말을 끄는 것

그렇다면, 하나님께서 다섯 가지 사역을 회복하시겠다는 것인가? 내 생각에 그것은 잘못된 질문이다. 그것은 마차로 말을 끄는 것이나 매한

가지이다. 에베소서 4장에 언급된, 예수님께서 승천하실 때 주신 은사들은 하나님께서 그리스도의 몸에 주셔서 역할을 담당하는 사람들이다. 그 은사들은 유기적인 교회생활에서 자연스럽게 자라서 생겨나온 부산물이다.

전반적으로, 신약성서에는 20가지의 은사가 언급되어 있다. 믿는 자들의 그룹이 교리나 신학적인 제도나 의식에 의해서가 아니라, 예수 그리스도를 중심으로 모여서 성직제도를 따르지 않는다면, 그 그룹에서는 궁극적으로 그리스도의 몸 안에 있어야 할 모든 은사와 은사를 받은 사람들이 생겨나게 될 것이다.

그리스도의 몸이 활동하는 방식을 묘사하려고 바울이 사람의 몸을 적절한 예로 든 것은 정말 잘 한 일이다. 여자 아이가 태어날 때 대부분의 가능성은 겉으로 드러나지 않는다. 그 아이는 자전거도 탈 수 없고, 덧셈과 뺄셈도 하지 못하고, 포크와 나이프로 식사할 수도 없다.

하지만, 그 아이의 몸 안에 언젠가는 왕성하게 활동할 수 있도록 신체적 발육을 촉진시키는 유전자 코드가 들어있다. 그 아이를 잘 먹이고 영양 공급이 제대로 이루어진다면, 머지않아 다른 사람들에 의해 강요되거나 조작되는 일 없이 타고난 재능이 자동적으로 형성될 것이다. 그 아이는 유기적으로 재능을 발휘할 것이다. 왜냐고? 그 재능이 사람으로서의 종species에 속하는 고유 본능이기 때문이다. 사람의 생명에서 나온 것이기 때문이다.[4]

마찬가지로, 순수한 참 교회가 태어날 때 그 영적 유전자 안에 예수 그

---

4) 교회의 유기적인 표현에 관해 자세한 것은 나의 책 『다시 그려보는 교회』를 참조할 것.

리스도 안에 있는 모든 은사들을 소유하게 된다. 그러나 그 은사들이 형성되고 드러나는 데는 시간이 걸린다. 유감스럽게도, 우리는 많은 교회 지도자가 이 영적 원리를 이해하지 못하는 듯한 시대에 살고 있다. 그러므로 그들은 몸 안에서 은사와 사역을 너무 이르게 발휘하도록 강요한다.

그렇기 때문에, 필요한 것은 소위 다섯 가지 사역의 회복이 아니라 유기적인 교회생활의 회복이다. 그리고 바로 이것이 하나님께서 여느 세대와 마찬가지로 오늘날도 회복하시고자 하는 그것이다.

그러므로 만일 우리가 교회가 어떻게 태어나는지 그리고 어떻게 양육되고 유지되는지를 하나님의 관점으로 보고 발견할 수 있다면, 그리스도 안에 있는 모든 은사가 그 은사들이 표현되어야 할 **방식 그대로** 회복되는 것을 보게 될 것이다.

나의 개인 간증

나는 지난 20년 이상 유기적 교회들과 함께 해오면서 다음과 같이 놀라운 발견을 하게 되었다: 성령의 은사들은 일반적인 제도권 교회들보다 교회의 유기적인 표현에서 아주 다르게 기능을 발휘한다. 예를 들어, 순수한 몸으로서의 교회 생활authentic body life이 가능한 토양에서 생겨난 예언의 은사는 전형적인 오순절/은사주의 교회에서 만들어진 방식과는 아주 다르게 보인다. 오순절/은사주의 교회의 예언은 다른 사람들을 흉내 내는 것에 기초한다.

나는 1980년대에 유기적인 교회 생활을 자발적으로 표현하는 교회에 속했었는데, 그때 모임을 가졌던 우리 대부분은 오순절/은사주의 전통의 배경을 가진 사람들이었다. 우리는 전통대로 우리의 몸에 배어있던 영적 은사를 자유롭게 내놓으며 모임을 가졌다. 그러다가 몇 년 후에, 반 오순절/은사주의의 배경을 가진 사람들의 그룹이 우리와 합세하면서 우리는 엄청난 진퇴양난에 빠지게 되었다.

피 튀기는 싸움 끝에 교회가 분열된 다음, 주님은 두 그룹 다 자신들의 영적 은사에 대한 믿음과 실천을 내려놓고 십자가 밑으로 가져가야 할 것을 은혜로 보여주셨다. 물론 그것이 힘들었지만, 우리는 우리가 가졌던 은사에 관한 생각과 실천을 죽음으로 내몰았다.

시간이 흐르면서 뭔가 놀라운 일이 벌어졌다. 성령의 은사들이 우리의 모임에서 부활하게 된 것이다. 하지만 그 은사들은 이전에 우리 중 그 누구도 본 적이 없는 아주 다른 형태로 나타났다. 오순절/은사주의 방식은 철저하게 자취를 감추었고, 남겨진 것은 주 예수 그리스도를 영화롭게 하고, 드러내고, 높이는 성령의 순수한 표현이었다. 그 결과, 두 그룹은 성령의 능력과 역사의 연합된 표현으로 소생했다.

결과적으로, 시급한 질문은 이것이다: 우리는 예수 그리스도를 중심으로 유기적인 방식으로 모이는 법을 발견하는 것에 진지할 것인가? 아니면, 신약성서의 원리들을 노골적으로 무시하고, 언젠가는 다섯 가지 사역이 회복될 것이라는 희망을 가지고그리고 예언을 하며 다음 200년을 보낼 것인가?

다시 말하자면, 승천하실 때 주신 은사들을 일으키시는 하나님의 방식은 유기적인 몸의 생활을 회복하는 것에 의해서다. 그 은사들은 누군가가 그것들이 아주 가까이에 있다고 예언하는 책을 썼다고 해서 마법처럼 나오는 것이 아니다. 또는 그 누군가가 "첫 번째" 사도라고 주장하거나 "마지막" 혹은 "새로운" 사도라고 주장한다고 해서 은사들이 회복되었다고 가정해서는 안된다.

순수한 진짜 사도, 예언자, 복음 전하는 자 그리고 목자/교사는 유기적 교회들 안에서 지도자가 아닌 형제로, 즉 교회 안의 다른 지체들과 동등한 위치에서 자라나면서 은사를 받은 사람들이다. 그들은 순수한 유기적 교회생활의 토양에서 자라났기 때문에, 하나님 나라와 주님의 자녀들에게 안심이 되도록 테스트를 거치고 검증이 된 사람들이다.

그들을 특징짓는 두드러진 표시는 그들이 탁월한 깊이와 실제적인 경험으로 주 예수 그리스도를 영화롭게 하고, 드러내고, 제시하고 또 주님을 분명하게 볼 수 있는 능력이다.

이것이 에베소서 4장에 나오는 승천하실 때 주신 은사들의 유산이다. 그것은 1세기의 사도, 예언자, 복음 전하는 자 그리고 목자/교사에게도 마찬가지였다. 그리고 예수 그리스도는 변하신 적이 없다.히 13:8

잘못된 환경의 위험성

그렇다면, 은사를 받은 그리스도인들이 그리스도의 몸을 유기적으로 표현하는 토양이 아닌 비성서적인 제도 위에 세워진 인간 조직에서 양육될 때 무슨 일이 벌어질까? 달리 표현해서, 은사를 받은 그리스도인들의 유일한 경험이 현대의 제도권 교회 안에서만 이루어졌다면 어떻게 될까?

그 대답은? 한 마디로 "잡탕" 그 자체이다.

이것에 사족을 달자면: 기능 장애.

북극곰들을 그 서식지에서 옮겨 놓으면 어떻게 될까? 만일 그들이 생존한다 해도 생존 못하는 경우도 있다, 하나님께서 만드신 대로의 기능을 발휘할 수 없다. 그들은 생식 능력을 잃고 말 것이다.

사자들을 태어날 때부터 철창에 가두고 길들이면 어떻게 될까? 그들은 포식과 사냥의 본능을 잃게 될 것이다. 하나님께서 사자들 안에 심어놓으신 타고난 기능의 일부분을 잃게 된다.

나는 지난 십 년 남짓 자칭 예언자와 사도라고 주장하는 사람들을 많이 만났는데, 그들 중 진짜 은사를 받은 사람들도 있었다. 가르치는 은사가 있는 사람들, 병 고치는 은사를 가진 사람들 또는 정말 지식의 말씀을 선포하는 사람들.

그러나 그들 대부분은 그리스도 안의 진정한 깊이가 결여되었고, 주님의 십자가를 받아들이는데 있어 경험이 거의 없었다. 그리고 그들 중 하나님의 영원한 목적을 제대로 이해하거나 실제적이고, 왕성하고, 건전한 유기적 교회생활을 경험한 사람들 또한 보기 힘들었다.

왜 그럴까? 그것은 그들을 세운 제도 때문이다. 아니면 경우에 따라 그들이 다른 그리스도인들에게서 고립된 상태에서 스스로를 세웠기 때문이다. 스스로를 세운 경우도 그리스도인이 양육 받는데 있어 똑같이 비정상적인 환경이다.

한 문장으로 요약하자면, 그런 사람들은 적절한 거주지에서 자라나지 못한 것이다. 유기적인 몸의 생활 안에서 다른 지체들 사이에서 그냥 지체로 살면서 자란 사람은 거의 없었다.

다른 사람들 앞에서 자신의 연약함과 맹점이 노출되는, 교회생활의 신약성서적 표현 안에서 시간을 보냈던 사람도 거의 없었다. 그 대신, 그들 대부분은 제도권 교회들에 속해 있다가 스스로 독립적인 사역을 시작한 사람들이었다.

워치만 니가 지적한 바와 같이 "오늘날 크리스천 사역에 있어서의 비극은 수많은 사역자가 보냄을 받은 적도 없이 그냥 **나서는** 것이다."[5]

신약성서는 결단코 그런 상황을 그리고 있지 않다.

그렇다면 승천하실 때 주신 은사들은 무엇인가?

승천하실 때 주신 은사들이 지역 교회에서 유기적으로 생겨날 때 그 은사들의 주요 기능은 그리스도 안의 영적 성숙, 하나됨 그리고 모든 지체의 역할 수행을 위해 그 공동체를 양육하고 격려하는 것이다.

이제 나는 이른바 다섯 가지 사역에 대한 편견을 없애고, 승천하실 때 주신 각각의 은사가 1세기에 어떻게 기능을 발휘했을 것인지를 논하고자 한다.

사도

사도들은 지역을 초월해서 순회하는 교회 개척자였다. 그들은 새 교회들을 개척하고, 세우고, 온전케 하려고 주님과 특정한 교회에

---

5) Watchman Nee, *The Finest of the Wheat*, vol. 2 (New York: Christian Fellowship Publishers, 1993), 511.

의해 보내심을 받은, 출중한 은사가 있는 사람들이었다. 바울은 사도로서 자신을 지혜로운 건축자고전 3:10 또는 심는 이고전3:6-9 라고 불렀다.

사도들은 교회들이 생명을 얻어 바닥부터 자라날 수 있게 했고, 또한 교회들 스스로 살아나갈 수 있도록 도와주었다. 사도들은 교회 생활을 유기적으로 표현하는 토양에서 성장했다. 그들은 같은 종류의 교회들을 개척하기 위해 보냄을 받기 전에는 지도자가 아니었다. 달리 말해서, 그들은 자신들이 나중에 다른 곳에 세울 교회의 삶을 먼저 경험했다. 그리고 언제나 그들이 개척한 교회들을 그리스도의 머리 되심 아래 남겨두고 떠났다. 물론 장로들과 감독들이 생기기 전, 사람이 주도하지 않는 상태로.

예언자

예언자들은 예수 그리스도의 분명한 비전을 가지고 그것을 알기 쉽게 말로 표현할 줄 아는 사람들이었다. 그들은 교회에 현재형으로 주시는 주님의 말씀을 전해줌으로써 교회를 세워 나갈 수 있도록 도왔다. 어떤 때는 그들의 말이 단순히 격려하고, 고무하고, 위로하려고 그리스도를 드러내는 말이었을 것이고, 때로는 영적 비전을 제시하는 말이었을 것이다. 예언자들은 하나님의 뜻이 잊혀졌을 때마다 그 뜻을 되찾게 했고, 때때로 다른 지체들의 은사와 부르심을 확인시켜주기도 했고, 다가올 시련에 대처할 수 있도록 교회를 준비시키기도 했다.

복음 전하는 자

복음 전하는 자들은 잃어버린 영혼들에게 좋은 소식을 전하는 본을 보임으로써 교회를 도왔다. 그들은 불신자들에게 그리스도를 전하는데 있어 특히 담대하고 겁이 없는 사람들이었다. 그리고 구원 받지 못한 사람들을 향해 순수한 열정을 품은 사람들이었다. 오늘날에 이러한 복음 전하는 자에 비견할만한 것은 타고난 세일즈맨일 것이다. 물론 정직한 사람

목자와 교사

목자와 교사는 같은 은사의 두 얼굴이다. 에베소서 4:11에서 사도, 예언자 그리고 복음 전하는 자는 따로 언급되어 있지만, 목자와 교사는 함께 이어져있다. 아울러, 처음 세 가지 사역사도, 예언자, 복음 전하는 자의 앞에 붙어있는 "어떤" 이라는 말이 목자와 교사에 있어서는 둘을 합친 말의 앞에 붙어있다. 이것은 목자와 교사가 하나의 은사임을 말해준다.

목자와 교사의 주된 임무는 성서의 해석가르침을 통해 그리스도를 드러냄으로써, 지체들에게 문제가 생길 때 교회를 돕고, 또 교회의 영적인 삶을 계발하고 고취시키기 위해 교회를 돕는 것이었다.돌봄 돌보는 것은 그들이 하는 사역의 사적인 측면이고, 가르치는 것은 공적인 측면이었다. 1세기 목자와 교사에 비견할만한 것은 가르치는 것에 조예가 있는 오늘날의 크리스천 상담자일 것이다.

승천하실 때 주신 은사 중 어떤 것도 교회 모임을 장악하지 않았다. 그 은사들은 단지 특정한 역할을 수행하는 몸 안의 형제와 자매들이었다. 모든 지체가 교회 모임과 공동체 생활에서 기능을 발휘했다. 이 점에 대하여, 당신은 1세기의 그리스도인들 중에서 "사도 000", "예언자 000", 또는 "복음 전하는 자 000" 같은 직함을 즐기는 사람을 볼 수 없었을 것이다. 내가 다른 데서 언급했듯이, 초기 그리스도인들은 명예를 나타내는 직함과 직책을 사용한 적이 없다.

그리스도의 영

신약성서를 통틀어, 성령은 다음과 같은 이름으로 불린다:

- 하나님의 영
- 그리스도의 영
- 아버지의 영
- 주의 영
- 진리의 영
- 그리스도 예수 안에 있는 생명의 영
- 거룩한 영
- 예수를 죽음에서 일으킨 영
- 살아계신 하나님의 영
- 하나님의 아들의 영

- 예수 그리스도의 영

- 은혜의 영

- 영광의 영

- 생명의 영

- 보혜사 대언자, 상담자, 보조자 라는 뜻

성령은 그리스도의 임재를 구체화하는 실재이다. 성령은 예수님께서 사시는 바로 그 생명을 우리에게 나눠준다.

성령은 오순절에 영광스러운 그리스도의 영으로 오셨다. 즉, 성육신하시고, 십자가에서 죽으시고, 높임을 받으신 예수님의 영으로 오신 것이다. 부활하신 예수님께서 성령이 **되시지** 않았음을 주목하라. 예수님은 오히려 성령으로 오셔서 오늘날 성령을 통해 우리와 함께 계신다.

이런 이유로, 성령은 그리스도의 영과 예수님의 영으로 불린다.롬8:9; 벧전1:11; 행16:7; 빌1:19 그리고 예수님은 "살려주는 영"으로 불린다.고전15:45

하늘에 올라가신 후에도 예수님이 여전히 사람이라는 사실은 모든 믿는 자를 새 사람에 포함시키는 보증이 된다.

성령이 이 땅에 오심으로, 참된 인간성이 현실에서 가능하게 되었다.

예베소서 4장은 내려오고 올라가는 이미지를 사용한다. 이 용어는 구약의 대제사장이 속죄일에 죄를 속하기 위해 성전의 계단을 올라가는 것과 다시 사람들이 있는 곳으로 내려오는 것을 우리에게 상기시켜준다. 예수님은 하늘로 올라가셨고, 그리스도의 보좌가 하나님의 우편에 세워짐으로 성령이 이 땅에 내려오셨다.

예수님은 내려오신 그곳으로 올라가셨다.요3:13, 6:62; 엡4:10 우리의 영원한 소망은 예수님의 승천에 있다. 왜냐하면, 예수님을 따르는 모든 사람을 위한 영광을 보장해놓으셨기 때문이다.

성육신은 예수님께서 하나님의 차원을 떠나 사람의 차원으로 오신 것이고, 승천은 성육신하신 예수님이 사람의 차원을 떠나 하나님의 차원으로 다시 가신 것이다.

주 예수 그리스도는 이 땅에서 사셨고, 죽으셨고, 부활하신 똑같은 몸으로 하늘에 올라가셨다. 그리고 지금 살려주는 영으로서 주님의 생명과 임재를 모든 차원과 시간과 거리를 뛰어 넘어 주님의 몸 안에 있는 지체들에게 전달하신다.고전15:45 성령과 부활하신 그리스도가 구별된 인격일지라도, 그리스도는 지금 영으로 계시기 때문에 예수님과 성령은 신약성서에서 때로는 교환해서 언급된다.요14-16장; 고후3:14-18

성령은 모든 믿는 자를 그리스도께로 연결시킬 수 있다. 이런 이유로, 예수님은 자신이 떠나고 성령이 오는 것이 더 낫다고 말씀하셨다.요7:39, 16:5-15

요한복음 14-16장을 주의 깊게 살펴보면, 예수님께서 승천하신 후에 성령으로 다시 오심을 드러내고 있다. 그리고 주님은 오순절에 그렇게 하셨다.

성령이 하시는 일 50 가지

- 성령은 죄에 대하여, 의에 대하여, 심판에 대하여 세상을 책망하신

다. 요16:8

- 성령은 우리를 모든 진리 가운데로 인도하신다. 요16:13

- 성령은 우리를 거듭나게 하신다. 요3:5-8; 딛 3:5

- 성령은 그리스도의 영광을 나타내고, 그리스도를 증언하신다. 요
  15:26, 16:14

- 성령은 우리에게, 그리고 우리 안에서 그리스도를 계시하신다. 요
  16:14-15

- 성령은 우리를 인도하신다. 마4:1; 눅4:1; 롬8:14; 갈5:18

- 성령은 우리를 거룩하게 하신다. 롬15:16; 살후2:13; 벧전1:2

- 성령은 우리에게 능력을 주신다. 눅4:14, 24:49; 행1:8; 롬15:19

- 성령은 우리를 충만하게 하신다. 행2:4, 4:8,31; 9:17; 엡5:18

- 성령은 우리에게 기도를 가르쳐주신다. 롬8:26-27; 유1:20

- 성령은 "우리가 하나님의 자녀인 것"을 우리 안에서 "증언"하신다.
  롬8:16

- 성령은 우리 안에 주님의 역사와 임재의 열매 또는 증거를 나타내
  신다. 갈5:22-23

- 성령은 몸에게 그리고 몸을 통해서 성령의 은사를 나누어주고, 주
  님의 임재를 나타내신다. 밝게 비추신다고전12:4,8-10; 히2:4

- 성령은 사역을 위해 우리에게 기름을 부으신다. 눅4:18; 행10:38

- 성령은 우리를 씻어 새롭게 하신다. 딛3:5

- 성령은 몸을 하나되게 하고 연합시키신다. 엡4:3, 2:14-18 여기에서 성
  령은 삼위일체 하나님 안에서의 역할과 똑 같은 역할을 하신다. 성

령은 아버지와 아들을 하나되게 하는 생명으로서 교회 안에서 이 역할을 하신다. 성령은 사람들의 그룹 안에서 역사할 때 사랑 안에서 그들을 하나로 묶으신다. 그러므로 그 그룹 안에서 성령이 역사하시는 확실한 증거는 표적과 기사가 아니라 사랑과 하나됨이다.

표적과 기사는 한정적이고, 가짜일 수 있다

- 성령은 미래에 우리에게 임할 부활의 보증이시다. 고후1:22, 5:5

- 성령은 구원의 날까지 우리를 인치신다. 엡1:13, 4:30

- 성령은 우리를 "죄와 사망의 법에서" 해방시키신다. 롬8:2

- 성령은 우리의 죽을 몸을 살리신다. 롬8:11

- 성령은 "하나님의 깊은 것"을 우리에게 계시하신다. 고전2:10

- 성령은 "하나님께서 우리에게 은혜로 주신 것들"을 우리에게 계시하신다. 고전2:12

- 성령은 우리 안에 거하신다. 요14:17; 롬8:9; 고전3:16; 딤후1:14

- 성령은 우리에게, 우리 안에서, 우리를 통해서 말씀하신다. 마10:20; 행2:4, 8:29, 10:19, 11:12,28, 13:2, 16:6,7, 21:4,11; 고전12:3; 딤전4:1; 히3:7; 계2:11

- 성령은 침례세례를 통해 우리를 그리스도의 몸으로 연합시키는 중개자이시다. 고전12:13

- 성령은 자유를 주신다. 고후3:17

- 성령은 우리를 그리스도의 형상으로 변화시키신다. 고후3:18

- 성령은 우리로 하여금 마음 속에서 "아바 아버지"라 부르게 하신다. 갈4:6

- 성령은 우리가 기다릴 수 있게 하신다. 갈5:5

- 성령은 그리스도 안에서 우리를 채우신다. 빌4:19

- 성령은 영생을 거두게 하신다. 갈6:8

- 성령은 우리를 하나님 아버지께 나아가게 하신다. 엡2:18

- 성령은 우리를 집합적으로 하나님이 거하실 처소로 만드신다. 엡2:22

- 성령은 우리에게 하나님의 신비를 계시하신다. 엡3:4-5

- 성령은 우리의 영을 강건하게 하신다. 엡3:16

- 성령은 우리로 진리를 순종할 수 있게 하신다. 벧전1:22

- 성령은 예수님이 우리 안에 거하심을 우리가 알 수 있게 하신다. 요일3:24, 4:13

- 성령은 예수님께서 육체로 오신 것을 시인하신다. 요일4:2

- 성령은 신부와 더불어 "주 예수여 오시옵소서" 라고 말한다. 계22:17

- 성령은 하나님의 사랑을 우리 마음에 부으신다. 롬5:5

- 성령은 우리의 양심 안에서 진리를 증언하신다. 롬9:1

- 성령은 우리를 가르치신다. 고전2:13; 요14:26

- 성령은 우리에게 기쁨을 주신다. 살전1:6

- 성령은 누군가로 하여금 복음을 전하게 하신다. 벧전1:12

- 성령은 우리를 감동하신다. 벧후1:21

- 성령은 하나님의 생각을 아신다. 고전2:11

- 성령은 귀신을 내쫓으신다. 마12:28

- 성령은 예수님께서 말씀하신 모든 것을 생각나게 하신다. 요14:26

- 성령은 우리를 위로하신다. 행9:31

- 성령은 어떤 사람들을 교회의 감독자로 삼으시고, 교회의 개척을

위해 몸을 통해 누군가를 파송하신다. 행20:28, 13:2; 고전1:17; 갈 1:1

요약하자면, 성령은 우리를 예수 그리스도와 그리스도의 몸으로 연합시키신다. 성령은 그리스도를 우리에게 계시하시고, 그리스도의 생명을 우리에게 주시고, 그리스도를 우리 안에 살게 하신다.

성령은 예수님의 경험성육신, 사역, 십자가, 부활, 승천을 우리 자신의 경험이 되게 하신다. 성령으로 말미암아 예수 그리스도의 역사가 우리의 이야기와 경험이 된다.

성령은 그리스도께서 내려주신 것을 허락하셔서, 예수님의 사역을 실재가 되게 하시고 또 경험이 되게 하신다. 그러므로 우리는 그리스도께서 하신 일을 성령이 하시는 일과 분리시킬 수 없다.

은사광狂 대 은사 공포증

바울은 고린도전서 12장 7-10절에서 성령의 나타내심에 관해 논하면서 다음과 같이 말했다.

각 사람에게 성령을 나타내심은 유익하게 하려 하심이라. 어떤 사람에게는 성령으로 말미암아 지혜의 말씀을, 어떤 사람에게는 같은 성령을 따라 지식의 말씀을, 다른 사람에게는 같은 성령으로 믿음을, 어떤 사람에게는 한 성령으로 병 고치는 은사를, 어떤 사람에게는 능력 행함을, 어떤 사람에게는 예언함을, 어떤 사람에게는 영들 분별함을, 다

른 사람에게는 각종 방언 말함을, 어떤 사람에게는 방언들 통역함을
주시나니.

그 이름이 내포하듯이, 성령의 나타내심은 하나님께서 성령으로 하여
금 교회에게 그리고 교회를 통해서 예수 그리스도를 **나타나**게알게, 또는 보
여주게 하신다는 뜻이다.

성령의 역할이 그리스도를 영화롭게 하고 계시하는 것이기 때문에요
16:13-14, 성령의 나타내심은 그리스도를 드러내도록 설계되었다. 영적 나
타남은 하나님의 은혜로 주어진 것이므로, 바울은 그것을 "영적 은사"헬
라어로 charisma 라고 불렀다.고전12:4, 30-31

바울이 위의 본문에서 열거한 아홉 가지 은사는 사실상 모두 초자연적
인 것이다. 말하자면, 그 은사들은 그리스도를 초자연적인 방식으로 드러
낸다. 신약성서를 통틀어, 바울은 성령의 열매와 성령의 은사 사이에 건
전한 구분을 두었다.

성령의 열매는 믿는 자 안에서 하나님 생명의 **성품**을 드러내고, 성령의
나타내심은 믿는 자를 통해서 하나님 생명의 능력을 드러낸다. 성령의 열
매는 우리가 행하는 삶과 관계가 있고, 성령의 나타내심은 우리의 사역과
관계가 있다. 열매는 예수님의 성품을 다루고, 은사는 예수님의 사역을
다룬다.

성령의 나타내심은 수 세기 동안 주님의 사람들에게는 아픈 상처로 남
아있다. 어떤 사람들은 그 은사들이 더는 교회에 있지 않다는 생각을 고
수하기까지 한다.

그런 사람들을 은사 중단론자cessationists라고 일컫는데 그 이유는 그들이 성령의 은사가 중단cease되었다고 믿기 때문이다. 그러나 이렇게 중단되었다는 사상을 뒷받침해주는 성서적 근거는 없다. 교회의 역사와 성서의 증거를 종합해볼 때 성령의 은사는 AD 30년의 오순절에 주어진 이래로 교회 안에서 계속 있어왔다.

그럼에도, 성령의 나타내심이 영구적또는 연속적이라고 믿는 사람들 중에는 두 부류의 지배적인 사상이 존재했다.

1. 성령의 은사들은 찾아야 하고 또 격려되어야 한다. 왜냐하면, 그 은사들이 영성의 절정에 해당하기 때문이다.
2. 성령의 은사들은 막아야 하고 단념시켜야 한다. 왜냐하면, 그 은사들이 쉽게 남용되고 또 종종 분열과 혼동과 아픔을 조장하기 때문이다.

나는 1번을 주장하는 사람들을 은사광charismania으로, 2번의 관점을 가진 사람들을 은사 공포증charisphobia을 가진 사람이라고 부른다. 나는 둘다 균형이 맞지 않은 관점임을 제시하고자 한다.

은사대생명

많은 그리스도인이 범하는 일반적인 오류는 성령의 은사를 영적 생명과 혼동하는 것이다. 하나님의 자녀들을 향한 최고 목표는 그들이 영적

생명 안에서 자라나고 양육되는 것이다.벧전2:1-2

　우리가 그리스도의 생명 안에서 자라갈수록 예수 그리스도의 형상을 본받게 하시려는 하나님의 뜻을 더욱 깨닫게 된다.롬8:28-29; 고후3:18 또한 우리는 사역에서 기능을 발휘하기 시작한다. 그리고 효과적으로 기능을 발휘하려면 영적 은사의 사용이 요구된다.

　간단히 말해서, 영적 은사들은 우리가 영적 생명과 영적 능력을 표현하는 도구이다. 달리 말하자면, 은사들은 우리가 영적 음식을 다른 사람들에게 공급하려고 사용하는 도구이다.

　그렇다면, 당신에게 묻고 싶다. 무엇이 더 중요한가? 은사인가 아니면 생명인가? 두 말 할 것도 없이, 생명이 은사보다 더 중요하다. 왜냐하면, 음식이 도구보다 더 중요하기 때문이다. 누가 당신에게 스테이크를 대접하면서 포크가 아닌 스푼을 주었다고 해서 크게 문제가 될 것인가? 물론 스테이크를 먹을 때는 포크를 사용하는 것이 쉽지만, 대접하는 음식 자체가 대접에 사용되는 도구보다 훨씬 더 중요하다.

　영적 은사를 영적 생명 위에 놓고 강조하는 것이 비극이지만, 영적 은사를 희생시키면서까지 영적 생명을 강조하는 것도 큰 잘못이다. 영적 은사들을 지나치게 강조하고 남용하는 사람들이 있기 때문에, 어떤 사람들은 교회생활에서 영적 은사의 역할을 경시하고 무시하기까지 한다.

　영적 은사가 영성의 척도는 결코 아니지만, 영적 능력을 온전히 드러내는데 없어서는 안되고 영적 사역에 있어 꼭 필요하다. 비유를 사용하자면, 우리는 단정치 못한 식탁 예법을 가진 사람들 때문에 하나님이 그분의 식탁을 위해 우리에게 주신 신성한 도구의 사용을 금해서는 안 된다.

음식이 도구보다 더 중요할지라도, 그 도구를 내던지는 것은 잘못이다. 바울이 고린도교회 교인들에게 영적 은사들을 사용하라고 권면했음을 주목하라.

너희는 더욱 큰 은사를 **사모하라**.고전12:31

신령한 것들을 **사모하되** 특별히 예언을 하려고 하라.고전14:1

그러므로 너희도 영적인 것을 **사모하는** 자인즉 교회의 덕을 세우기 위하여 그것이 풍성하기를 **구하라**.고전14:12

그런즉 형제들아 어찌할까 너희가 모일 때에 각각 찬송시도 있으며 가르치는 말씀도 있으며 계시도 있으며 방언도 있으며 통역함도 있나니.고전14:26

그런즉 내 형제들아 예언하기를 **사모하며** 방언 말하기를 **금하지 말라**. 고전14:39

고린도교회 교인들이 영적 은사들을 남용하는 잘못을 범했을지라도, 바울은 결코 그 은사들의 사용을 금하지 않았다. 정반대로, 그는 지나치게 사용하는 것에 대해 교인들을 책망했다. 그러나 그 다음에 책망과 함께 은사의 올바른 사용에 관한 확실한 지침을 주었다. 바울이 중심을 둔

것은 영적 생명사랑으로 표현되는이 영적 은사보다 우위를 차지해야 한다는 것이다.고전13:1-8

바울에 의하면, 영적 은사는 언제나 우리 자신이 아닌 그리스도의 몸을 세우려는, 이 단 하나의 목적을 위해 사용되어야 한다. 바울이 고린도전서 12장과 14장에서 영적 은사를 논하던 중 13장에서 사랑의 중심성과 우월성을 얘기한 이유가 바로 이것이다. 은사들은 우리의 형제자매들을 위한 사랑으로 지배되어야 한다.

성령의 나타내심

바울은 에베소서 4장에서 언급한 은사들은사를 받은 사람들을 뜻함 이외에 고린도전서 12장에서 다른 은사들을 열거했다. 이 은사들은 "성령의 나타내심"이라고 불린다.고전12:7

우리는 그리스도께서 오늘날 일하시는 사역의 충만함을 이해하도록 오늘날 교회 안에서의 성령의 나타내심에 관해 뭔가 배울 필요가 있다.

나는 "성령의 나타내심"이 세 가지 영역으로 나뉘어질 수 있다고 믿는다: 계시의 은사들, 영감을 주는 은사들, 능력의 은사들.

이 성령의 나타내심이 신약성서의 "은사 목록들"로마서 12장에 있는 것들과는 다르다는 사실을 주목하라. 그 은사들은 모두 초자연적인 것들이다.

또한 예수님은 성령의 역사로 이 은사들을 통해 자신을 드러내는 분임을 주목하라.

1. 계시의 은사들: 밖으로 드러내는 영적 표시

지식의 말씀. 지식의 말씀은 하나님의 마음 속에 있는 과거나 현재의
사실들을 믿는 자에게 드러내는, 주님에게서 온 말씀이다.

지혜의 말씀. 지혜의 말씀은 미래에 관한 하나님의 목적을 드러내는
말씀이다. 눅11:49

영 분별. 영 분별 또는 영 구별은 영적 세계를 감지하는 은사이다.

2. 영감을 주는 은사들: 입으로 말하는 영적 표시

예언. 예언은 현재 주님께서 품고 계신 마음을 밖으로 말하는 것이다.

각종 방언 말함. 각종여러 각기 다른 방언 말함은 알려지지 않은 언어들
을 초자연적으로 말하는 것이다.

방언 통역. 방언 통역은 다른 방언들을 통역번역이 아니라할 수 있게 하
는 초자연적인 은사이다.

3. 능력의 은사들: 이적을 나타내는 영적 표시

능력 행함. 능력 행함은 일상적인 일들에 개입하시는 하나님의 역사
를 드러내는 초자연적인 능력이다.

병 고치는 은사. 사람의 몸을 치유하는 하나님의 능력을 드러낸다.

믿음의 은사. 기적을 행하고 받아들이는 특별한 믿음이다.

부르심에 대한 응답

내 부담은 하나님의 사람들이 다섯 가지 사역과 언젠가 회복될지 모르는 초자연적인 은사들에 대한 관심을 내려놓고, 그 대신 교회가 하나님의 마음을 따라 어떻게 되어야 할지에 관심의 초점을 맞추는 것이다.

주님의 사랑스런 사람들은 이것을 발견하게 될 때 결단을 내려야 한다: 예수 그리스도께서 제시하신 방식을 따라 그분만을 중심으로 한 모임으로의 부르심에 응답할 것인지, 아니면 고착화된 인간의 전통에 묶인 상태를 계속 유지할 것인지.

만일 전자의 길을 택한다면, 엄청난 대가를 치러야 할 것이다. 그러나 궁극적으로 그리스도 안의 모든 은사가 주님께서 유기적으로 설계하신 방식으로 나타나게 될 것이다. 그리고 그 은사들은 결코 몸 전체의 사역을 방해하거나 희석시키지 않을 것이다.

사도, 예언자, 복음 전하는 자 그리고 목자와 교사로 부르심을 받았다고 느끼는 모든 사람이 1세기 때 이 사역들이 어떤 의미였는지, 또한 하나님의 마음 속에서는 이 사역들이 어떤 의미였는지를 냉정하게 재검토 하면 좋을 것이다. 내가 믿기에는, 이런 일이 벌어질 때 그들 상당수는 아주 새로운 방향으로 인도될 것이다. 그리고 그 방향은 의심의 여지 없이 그들이 고이 지켜온 전통들과 통속적인 개념들에서 그들을 결별하게 할 것이다. 오직 이런 요소들에 의해서만 하나님의 집이 폭넓게 회복되기 시작할 것이다.

주 예수 그리스도는 에클레시아의 건축가로서 이것 이외에 더는 바라시지 않는다.

제6장

교회의 머리

그는 몸인 교회의 머리시라 그가 근본이시요 죽은 자들 가운데서 먼저 나
신 이시니 이는 친히 만물의 으뜸이 되려 하심이요
골로새서 1장 18절

신약성서 전체를 살펴 볼 때, 그리스도의 머리 되심과 예수님의 주 되
심 사이에는 미묘한 구분이 있다.

그리스도의 **머리 되심**은 사실상 언제나 그리스도와 그분의 몸과의 관
계를 염두에 두고 있고엡1:22-23, 4:15, 5:23; 골1:18, 2:19 그리스도의 주 **되심**
은 사실상 언제나 그리스도와 그분의 제자 개개인과의 관계를 염두에 두
고 있다.마7:21-22; 눅6:46; 행16:31; 롬10:9,13; 고전 6:17

주 되심이 **개인**과 결부되어 있다면, 머리 되심은 **교회**와 결부되어 있다.

머리 되심과 주 되심은 동전의 양면과 같다. 머리 되심은 하나님의 사람들의 공동체 삶 안에서 주 되심이 이루어진 결과이다.

믿는 자는 삶에서 예수님의 주 되심에 진정으로 복종해야 한다. 그 자신이 성경에서 깨달은 것들을 순종할 수도 있고, 열심히 기도할 수도 있고, 자존감 넘치게 살 수도 있을 것이지만, 동시에 나눔의 사역이나 피차 복종하는 것이나 공동체적 증거에 관해서는 아는 것이 전무할 수도 있다. 예수님의 머리 되심에 복종하는 것은 교회의 삶과 실천에 관한 주님의 뜻에 응답하는 것이다. 그리스도의 머리 되심에 복종하는 것은 상호간의 사역과 나눔을 통해 하나님의 마음을 받아들이는 것, 피차 복종과 섬김을 통해 성령을 순종하는 것 그리고 상호간의 나눔과 공동체적 증거를 통해 집합적으로 예수 그리스도를 증거하는 것, 이 모두를 포함한다.

그리스도의 머리 되심에 복종하는 것은 예수님께서 **사람들의 삶**에서 주인이 되실 뿐만 아니라 **교회의 삶**에서도 주인이 되신다는 신약성서의 진리를 구체화한다. 이 진리가 나에게 강하게 와 닿았던 예가 하나 있는데, 그것은 내가 속했던 교회의 모임모두가 참여하는 열린 모임을 방문했던 그리스도 안의 한 젊은 형제의 삶을 통해서였다. 그 젊은이는 우리 교회를 방문하기 전에 구원받았고, 내 눈에는 아주 경건한 삶을 사는 것으로 보였다. 하지만 그는 우리 모임에 가끔 나타났고, 참석한 날에도 모임 내내 조용히 있었다.

그리고 그런 식으로 몇 달 동안 모임에 가끔 참석하더니 대학 진학을 위해 다른 도시로 이사를 가버렸다.

그리고는 몇 달 후에 그가 돌아왔는데, 여러 잘못된 선택과 실망스런 사건 그리고 개인적인 회의에 의해 학업을 중단했다고 했다. 그는 낙담한 목소리로 무엇보다도 교회의 지체로 사는 것이 너무 그리웠다고 말했다. 나에겐 이것이 참 흥미로웠는데, 그것은 그가 이전에 거기 있었을 때도 그 교회에 별로 전념하지 않았고, 모임에 적극 참여하거나 역할을 수행하거나 한 적이 없었기 때문이다.

하지만 그 다음 주부터 그는 교회 생활에 적극적으로 가담하기 시작했다. 그는 어떤 필요가 대두되면 도우려고 나섰고, 다른 사람들과 함께 그리스도를 추구할 기회가 생기면 그 자리에 있었고, 의사결정을 위한 모임이 있으면 거기에도 참여했다. 아울러, 그는 우리의 열린 모임에서 기능을 발휘하기 시작했고, 그가 모임에 기여한 것이 교회에 유익을 주었다. 우리는 점점 그의 친구들이 모임에 오는 것을 보기 시작했는데, 그의 친구들이 그가 들려준 이야기_{구속과 믿음과 공동체에 관한}에 마음이 움직여서 "와 보라" 라는 말에 이끌리게 된 것이었다.

예수님_{그가 잘 알지 못했던}께 반응하는 사람들을 단지 보기만 했는데, 이 젊은이의 삶은 영원히 변화되었다. 그가 공동의 표현 안에서 예수님을 보았던 것이다. 그러나 그것은 학업, 거기서의 쓰라린 경험, 그리스도와 그리스도의 몸이 필요함을 깨달아 알기 위해 다시 돌아와야 하는 것을 대가로 치렀다. 그는 자신에게 친밀한 공동체가 필요하다는 사실을 깨우쳐 알게 되었다.

이 짤막한 이야기는 아주 익숙하고 흔하기 때문에, 공동체 의식이 강하고 서로간의 나눔이 있는 많은 사람이 이구동성으로 말할 수 있는 이야기이다. 이 젊은이의 이야기는 그리스도를 개인의 삶 위에 놓는다는 것이 무슨 뜻인지를 말해주는 좋은 예이다.

흥미롭게도 바울은, 그리스도의 머리 되심이 그리스도의 몸 안에 확립될 때 그리스도께서 온 우주 만물 위에 머리가 되신다고 말했다.골1:16-18

오늘날 그리스도의 머리 되심의 다섯 가지 양상

1. 머리로서, 예수님은 몸을 통해 그분의 성품과 본성을 표현하고자 하신다

사람의 몸이 있는 목적은 그 몸 안에 있는 생명을 표현하기 위함인데, 그것은 그리스도의 몸도 마찬가지이다. 그리스도의 몸이 있으므로 예수님께서 가시적으로 주님의 인격을 표현하실 수 있다.

지역에 있는 그리스도의 몸은 정기적으로 함께 모여서 모든 지체의 사역을 통해 하나님의 생명을 드러내도록 부르심을 받았다. 어떻게?

신약성서에 있는 표준 방식 중 하나는 모든 지체가 제사장으로서 기능을 발휘하고, 사역하고, 살아계신 하나님을 표현하는 모임모든 지체가 참여하는 열린 모임을 통해서였다.고전14:26; 벧전2:5; 히 10:24-25

하나님은 그리스도인 각 사람 안에 거하셔서 우리 중 누구에게도 하나님에게서 온 뭔가를 교회와 함께 나눌 수 있도록 감동을 주실 수 있다. 1세기에는, 모든 그리스도인이 공동체에게 말할 수 있는 자격과 권리가 있었다. 이것은 모든 믿는 자가 제사장이라는 신약성서의 원리를 실제적으로 표현하는 것이다.

모든 지체가 참여하는 열린 모임의 목적은 교회 전체를 온전히 세우고 몸의 지체들을 통해 하늘에 있는 통치자들과 권세들에게 주님을 드러내고, 표현하고, 계시하기 위함이다.엡3:8-11

내가 이 책 전체에서 사용하는 교회라는 말은 헬라어로 에클레시아인데, 문자적으로 "모임assembly"이라는 뜻이다. 이것은 바울의 편지들에서 중심 사상을 이루고 있는, 교회가 집합적으로 표현된 그리스도라는 사실과 잘 맞아떨어진다.고전12:1-7; 엡1:22-23, 4:1-6

우리 인간 편에서 보면, 교회 모임의 목적은 상호간에 세워주는 것이지만, 하나님 편에서 보면, 모이는 목적은 하나님의 영광스러운 아들을 표현하고 가시적으로 드러나게 하는 것이다.

달리 말하자면, 우리는 주 예수님께서 자신을 충만하게 드러내실 수 있게 하려고 함께 모이는 것이다. 이럴 때 몸은 바로 세워지게 된다. 그리스도가 적절하게 표현될 수 있는 유일한 방법이 교회의 각 지체가 **모두** 자신들이 받은 주님의 한 측면을 자유롭게 표출하는 것임을 주목하라. 주 예수님은 지체인 나 한 사람을 통해서는 온전히 드러날 수 없다. 왜냐하면, 주님은 그 정도를 능가하는 측량할 수 없이 풍성하신 분이기 때문이다.엡 3:8

그러므로 만일 손이 모임에서 제 기능을 하지 않는다면, 그리스도가 온전히 드러나지 않게 되고, 마찬가지로 눈의 기능이 마비되면 주님께서 자신을 계시하는데 제한을 받으실 것이다.

반면에, 지역 모임에서 모든 지체가 기능을 발휘하면 그리스도가 보이게 된다. 주님이 우리 가운데 "**모아짐**assembled"으로써 보이게 되는 것이다.

이것을 퍼즐에 비유할 수 있다. 퍼즐 조각 하나가 다른 조각들과 맞춰져서 모아졌을 때의 최종 결과는? 우리가 그림 전체를 한 눈에 보게 되는 것이다. 그리스도와 그리스도의 교회도 이와 마찬가지이다.

2. 머리로서, 예수님은 땅에서의 사역을 계속하신다

누가는 사도행전을 다음과 같은 말로 시작한다.

> 데오빌로여 내가 먼저 쓴 글에는 무릇 예수께서 행하시며 가르치시기를 시작하심부터 그가 택하신 사도들에게 성령으로 명하시고 승천하신 날까지의 일을 기록하였노라.행1:1-2

시작하심 이라는 말을 주목하라. 누가가 말하는 "먼저 쓴 글"은 누가복음을 가리키는데, 이 문장이 내포하는 것은 누가가 새로 쓴 사도행전이 예수님께서 승천하신 후에도 행하시고 가르치시기를 **계속하신** 기록이라는 뜻이다.

따라서 사도행전의 주제는, **임마누엘**"하나님이 우리와 함께 하심" 이라는 이름에서 이미 알 수 있듯이, 현재 여기에 계신 그리스도의 지속적인 임재이다.

예수님은 사람의 눈에는 더는 보이지 않지만 성령으로 여전히 그분의 사람들 안에서 역사하신다. 사도행전의 이야기는 그리스도께서 자신의 종들을 통해 이 땅에서 하고 계시는, 그 종들이 그리스도의 영에 의해 힘을 얻고 인도 받아서 행하는 사역의 이야기이다.

예수 그리스도는 하늘로 올라가실 때 그분의 삶과 사역을 이 땅에서 계속하시려고 믿는 자들로 이루어진 몸을 통해 자신을 표현하기로 하셨다. 이 사역이 누가복음 4장 18-19절에 명시되어 있다.

> 주의 성령이 내게 임하셨으니
>> 이는 가난한 자에게 복음을 전하게 하시려고
>> 내게 기름을 부으시고
> 나를 보내사 포로 된 자에게 자유를,
>> 눈 먼 자에게 다시 보게 함을 전파하며
> 눌린 자를 자유롭게 하고
>> 주의 은혜의 해를 전파하게 하려 하심이라 하였더라.

우리는 사도행전 10장 38절에서 이것을 다시 만나게 된다: "하나님이 나사렛 예수에게 성령과 능력을 기름 붓듯 하셨으매 그가 두루 다니시며 선한 일을 행하시고 마귀에게 눌린 모든 사람을 고치셨으니 이는 하나님이 함께 하셨음이라."

예수님은 그분의 사역을 통틀어 소외된 자들을 사랑하시고, 억눌린 자들의 친구가 되시고, 병자들을 고치시고, 문둥병자들을 깨끗하게 하시고, 가난한 자들을 돌보시고, 귀신들을 내쫓으시고, 죄를 사하시고, 등등으로 하나님 나라가 무엇인지를 보여주셨다. 예수님이 행하신 기적들의 뚜껑을 열어보면 그것들 전부의 밑에 깔려있는 공통 분모가 있는데, 그것은 주님께서 사람의 고통을 덜어주시고 다가올 하나님 나라가 어떨지를 보여주신 것이다.

예수님은 기적을 행하실 때 저주의 결과를 거꾸로 되돌리신다는 사실을 암시하셨다.

예수님의 사역에는, 미래의 어떤 것이 현재를 꿰뚫고 있었다. 예수님께서 다가올 하나님 나라, 즉 인간의 고통이 사라지고, 평화와 정의와 자유와 기쁨이 깃든 나라를 구체화하신 것이다.

교회는 이 세상에서 그리스도의 몸으로서 이 사역을 수행한다. 교회는 이 땅에서 다가올 하나님 나라의 표시sign로 존재한다.

교회는 예수 그리스도가 오늘날 이 세상의 주인이라는 실재 안에서 살며 행하고, 미래의 임재 안에서 산다. 즉, 이미와 아직 사이의 하나님 나라 안에서 사는 것이다.

이런 이유로, 교회는 오늘날 얼마간의 새 창조를 옛 창조 안으로 가져오고, 하늘의 일부를 땅으로 가져와서 하나님께서 신호를 주실 때 세상이 어떻게 될지를 나타냄으로써 하나님 나라를 선포하고 구현하도록 부르심을 받았다. 하나님의 미래는 교회의 삶 속에서 이미 시작된 것이다.

교회의 사명에 있어 이런 면은 교회 밖의 사람들에게 교회 안에 거하시는 그리스도를 어떻게 드러내는지와 관련이 있다. 교회가 세상에 그리스도를 어떻게 표현하는 지와 관련이 있는 것이다.

예수님은 이 땅의 사역에서 이스라엘의 사명을 이루셨지만창18:18, 부활하신 이후로는 이 사명이 계속 이어지도록 교회를 임명하셨다.

그러므로 교회는 이스라엘에 임한 원래의 부르심을 완성하려고 존재한다. 그것은 이스라엘이 천하 만민에게 복이 되기 위해창 22:18, 가난한 자들에게 좋은 소식복음을 전하기 위해사52:7 그리고 세상을 향한 빛이 되기 위해 사 49:6 택함을 받았던 부르심이다.

교회는 이 땅에 새 이스라엘로서 서있다.갈6:16 그리고 이 땅을 살아가셨던 예수님께서 교회의 지체들 안에 거주하시는 바로 그 똑같은 그리스도이심을 밝히 드러낸다.

3. 머리로서, 예수님은 교회와 사역 둘 다를 인도하신다

예수님은 그분의 교회와 사역을 주관하시는 총사령관이다. 다음은 예수님이 머리로서 성령으로 그분의 교회와 사역을 어떻게 인도하시는 지의 실례이다.

- 예수님의 영은 빌립으로 하여금 성서를 읽고 있는 사람의 수레로 갈 것을 지시했다.행8:29
- 예수님은 바울에게 나타나셔서 그를 사도적 사역으로 부르셨다. 행9:1~10
- 예수님은 아나니아에게 환상 중에 나타나셔서 바울을 도와줄 것을 지시하셨다.행10:19
- 예수님의 영은 베드로에게 그를 찾는 세 사람에 관해 알려주었다. 행10:19
- 예수님의 영은 베드로에게 가이사랴에 사는 고넬료를 찾아 가라고 했다. 행11:12

- 예수님의 영은 예언자 아가보에게 천하에 큰 흉년이 들 것을 보여주었다. 행11:28

- 예수님의 영은 안디옥 교회에서 기도하던 몇 사람들에게 사역을 위해 바나바와 바울을 따로 세우라고 지시했다. 행13:2

- 예수님의 영은 바울이 아시아에서 말씀을 전하지 못하게 했다. 행16:6

- 예수님은 바울에게 환상을 보여주시고 바울과 그와 함께 하는 사역 팀을 마게도니아로 인도하셨다. 행16:9-10

- 예수님은 환상 중에 바울에게 나타나셔서 고린도에서 담대히 말씀을 전하라고 하셨다. 행18:9-10

- 예수님의 영은 결박과 환난이 각성에서 바울을 기다린다고 바울에게 증언했다. 행20:23

- 예수님의 영은 예언자 아가보를 통해 예루살렘에서 있을 바울의 미래에 관해 알려주었다. 행21:10-11

- 예수님은 바울이 예루살렘 성전에서 기도할 때 그에게 나타나셔서 예루살렘을 떠나라고 말씀하셨다. 행22:18-21

- 예수님은 바울이 재판 받을 때 그의 곁에 서서 용기를 주시고 앞으로 벌어질 일들을 알려주셨다. 행23:11

- 예수님은 바울에게 "내 은혜가 네게 족하도다 이는 내 능력이 약한 데서 온전하여짐이라"고 말씀하셨다. 고후12:9

- 바울은 예수님에게서 지시와 재확인과 격려를 받았다. 딤후4:16-17

- 예수님의 영은 일꾼들을 불러서 보냈다. 행13:1-3; 갈1:1; 고전 1:17,

12:7-11; 엡4:7-16; 딤전1:12

- 예수님은 그분의 교회 지체들과 함께 역사하시고 그들의 메시지를 표적으로 확실히 증언하셨다.막16:20

우리는 사도행전에서 "일어나 가라"라는 말이 여러 번 등장하는 것을 보게 된다. 사도행전 9장 11절에서는 예수님께서 아나니아에게 그 말씀을 하셨고, 10장 20절에서는 베드로에게 그 말씀을 하셨는데, 아나니아도 그대로 행했고, 베드로도 그대로 따랐다. 예수님은 교회의 머리로서 오늘날도 여전히 그분의 제자들에게 "일어나 가라"고 말씀하신다.

4. 머리로서, 예수님은 자신의 몸을 양육하신다

우리가 우리 몸에 영양을 공급하는 방법은 우리의 입을 통해서인데, 예수님도 그분의 몸우리는 그 몸의 지체에 똑같이 하신다.
따라서 그리스도는 우리를 돌보시는 관리자로서, 그분의 몸을 양육하고 보호하신다.

> 누구든지 언제나 자기 육체를 미워하지 않고 오직 양육하여 보호하기를 그리스도께서 교회에게 함과 같이 하나니.엡5:29

머리이신 그리스도는 몸의 지체들 각각의 사역과 기능의 발휘를 통해 그분의 몸에 영양을 공급하신다.엡4:16 이런 이유로, "각 마디"가 우리에게 그 분량을 공급할 수 있도록 그리스도의 몸에 의존하는 것이 중요하다.

마찬가지로, 주님의 우리 안에 있는 다른 양들에게 영양이 공급되도록 우리가 또한 기능을 발휘하는 것이 결정적이다.

5. 머리로서, 예수님은 교회 생활의 공급원이다

예수님은 자신의 몸에 필요한 모든 것을 공급하시고, 우리는 우리의 생명과 존재를 예수님에게서 얻는다.

골로새서는 "우리 생명이신 그리스도" 라고 말한다.3:4

하늘에 계신 머리는 땅에 있는 그분의 몸 안에 있는 지체들에게 능력을 주는 그분의 영을 통해 그분의 생명을 분배하신다.

복음서의 예수님은 멀리 계시고 요구에 응하실 수 없는 것처럼 보인다. 하지만 예수님은 믿음으로 모든 믿는 자 안에 사시면서 우리 입에서 나오는 입김 만큼이나 가깝게 계신다.

> 이제는 내가 사는 것이 아니요 오직 내 안에 그리스도께서 사시는 것이라.갈2:20

> 나를 통하여 역사하신 것.롬15:18

> 내게 능력 주시는 자 안에서 내가 모든 것을 할 수 있느니라.빌4:13

예수님을 따르는 하나님의 자녀로서, 우리는 예수님의 내재하시는 생명에 의해 살 수 있다. 예수님은 "약하심으로 십자가에 못 박히셨으나" 이제 "하나님의 능력으로 살아" 계신다.고후13:3-4 예수님은 그분의 사람들 안에서 이것을 하신다.

영원한 목적

하나님의 영원한 목적은 예수님을 만물 위의 절대적인 머리로 놓는 것에 집중한다. 하나님의 목표는 아들의 완전한 통치권과 우월성을 세우는 것이다.

하나님을 움직이는 열정은 모든 것 위에 아들을 으뜸으로 놓는 것이다. 하나님께서 하시는 모든 일이 이것을 향하고 있다. 그러므로 성령이 이 땅에서 하시는 주된 사역은 그리스도의 몸 안에서 그리스도의 머리 되심을 극대화시키는 것이다.

따라서 성령은 하나님 사람들의 마음 속에서 주님의 주권적 통치를 반대하고, 가로막고, 방해하는 모든 것을 깨뜨려서 설 땅이 없게 한다. 성령은 만물 위에 하나님 아들의 중심성과 우월성을 놓고자 하시는 하나님의 궁극적인 의도에 방해되는 모든 것을 적대시하신다. 놀라운 것은 그리스도께서 만물 위에 으뜸이 되시기 전에 먼저 그분 자신의 사람들 가운데 으뜸이 되셔야 한다는 사실이다. 골로새서 1장 18절은 그것을 이렇게 말한다.

그는 몸인 교회의 머리시라 그가 근본이시요 죽은 자들 가운데서 먼저 나신 이시니 이는 친히 만물의 으뜸이 되려 하심이요.또한 엡5:23도 참조할 것

오늘날 그리스도의 몸 안에 가장 필요한 것은 그리스도의 머리 되심을 원상태로 복귀시키는 일이다. 비참하게도, 온갖 잡다한 것들이 그리스도의 머리 되심을 대체해왔다. 교회 운영기구, 위원회, 지도자, 프로그램, 인간이 만든 규범과 규칙 등이 종종 예수 그리스도의 머리 되심을 대신해왔다.

주님의 일이나 주님의 사람들에 관한 결정이 우리 앞에 놓여있을 때는 언제든지 다음과 같은 질문이 대두되어서는 안 된다: "우리 생각엔 이것이 어떻게 되어야 할 것인가?" 또는 "영적 지도자로서 우리는 어떻게 합의를 도출해 낼 수 있는가?" 그 대신, 질문은 이것이야 한다: "**주님이 이 상황에서 원하시는 것은 무엇일까?**"

교회에 관해 두 사람이 머리와 관계 없이 결정을 내릴 때 그것은 음모에 해당한다.

그 어떤 사람이나 위원회가 아닌 오직 그리스도만이 그분의 교회를 다스릴 권한을 가지셨다. 그것은 그분 자신의 몸이지, 우리의 것이 아니다. 우리는 모두 그분께 속했다. 예수님께서 비싼 값으로 우리를 사셨기 때문에 오직 그분만이 우리를 소유할 온전한 자격을 갖추셨다.

그리스도께서 그분의 사람들 위에 머리와 절대적인 주로서 온전하고 합당한 자리를 차지하실 때 수많은 문제가 해결된다.

고린도교회가 직면했던 난해한 문제들을 생각해보라. 육신을 따르는 것, 분쟁, 시기, 자아도취, 신성모독, 자만심, 부도덕, 갈등, 세상 법정에 고발, 대립, 등등. 고린도전서 1-11장은 그 교회 안에서 벌어지는 타락의 비참한 그림을 그리고 있다. 그 교회를 개척하고 돌봤던 바울에게 얼마나 엄청난 부담이었겠는가! 하지만 그 모든 일에 대한 바울의 반응은 어떠했는가? 바울이 고린도전서에서 제시한 포괄적인 해결책은 무엇이었는가? 그것은 단순히 이것이었다.

> 내가 너희 중에서 예수 그리스도와 그가 십자가에 못 박히신 것 외에는 아무 것도 알지 아니하기로 작정하였음이라… 이 닦아 둔 것 외에 능히 다른 터를 닦아 둘 자가 없으니 이 터는 곧 예수 그리스도라.고전 2:2, 3:11

바울의 대답은 꽤 평범했다: 예수 그리스도가 교회 안에서 그분의 합당한 자리를 차지하시는 것. 당신은 이것의 능력을 볼 수 있는가? 하나님의 사람들이 예수님의 위대하심을 꽉 붙잡고 예수님을 그분의 합당한 자리에 올려놓을 때, 그들에게 있는 모든 문제는 처리된다. 그리스도께서 능력과 생명으로 함께 하실 때 우리의 문제들은 해결된다.

이 시대에 하나님의 목표는 우리로 하여금 그리스도의 머리 되심을 우리의 삶과 교회 생활에 실제적 현실이 되게 하는 것이다.

그렇지만, 그렇게 하는 것엔 대가가 따른다. 우리의 권리를 주님께 이양하고, 주님을 기다리고, 성령의 손에 절대적인 통치와 권위와 결정의 권한을 맡기는 것은 쉬운 일이 아니다.

그것은 우리가 어떤 것들을 붙잡을 것인지, 아니면 모든 권한을 그리스도께 양도할 것인지의 테스트이다. 그렇지만, 우리는 이것을 이해해야 한다: 예수 그리스도께서 그분의 충만하심으로 이 땅을 다스리려고 돌아오신다면, 예수님의 사람들은 우선 그들 가운데서 그분을 으뜸으로 놓아야 한다.

하나님의 계획 안에는 모든 것이 교회와 함께 시작한다. 야고보는 하나님께서 "그 피조물 중에 우리로 한 첫 열매가 되게" 하셨다고 말했다.약 1:18 이것은 예수님이 만물 위에서 다스리시는 것을 포함한다.

머리를 붙잡는 것

분명히 해야 할 것은, 그리스도의 머리 되심을 붙잡는 것은 바울이 골로새서에서 말한 것처럼 우리가 마지막 보루로 실천할 사항이 아니다. 그리스도인들이 갖고 있는 너무나도 흔한 사고방식은 "나는 내 자신의 솜씨와 은사와 재능을 사용해서 할 수 있는 것은 무엇이든지 할 것이고, 내가 더는 할 수 없을 때만 주님을 의지할 것이다" 라는 태도이다. 이것은 잘 봐줘도 어리석기 짝이 없는 생각이다. 우리 인간의 생각과 철학은 하나님의 일에 있어 한 조각도 성취할 수 없다.

우리의 교회 전통과 프로그램 대부분은 나무와 풀과 짚에 지나지 않는다. 교회는 영적 유기체이다. 따라서 오직 하나님의 내재하는 생명에서 온 것만이 하나님의 목적을 성취할 수 있다.

옛 언약 아래서, 모세는 관유를 "사람의 몸에 붓지 말며"라고 했다.출 30:32 마찬가지로, 하나님의 영도 우리 인간의 육신적인 생각에서 나온 것에 기름을 부을 수 없다. 주 예수님의 말씀을 기억하라: "나를 떠나서는 너희가 아무 것도 할 수 없음이라"요15:5

이 모든 것에 대해 그리스도인 대부분이 머리를 끄덕일 것이지만, 그것이 진정 실제일까? 예수 그리스도가 정말 당신이 속한 교회의 머리인가, 아니면 다른 누가 머리인가? 당신의 교회가 갖고 있는 구조는 예수 그리스도가 그분의 몸을 통해 그분의 사람들을 인도하고 지시하게 하는가, 아니면 그런 일이 일어나는 것을 가로막는가? 그리고 당신의 삶은 어떤가?

하나님은 아들 안에서 모든 것이 통일되기를 바라신다. 타락한 인류의 생각과 전통과 제도에서 생겨난 것은 지속될 수 없다. 오직 그리스도에게서 나온 것만이 하나님께 있는 최상의 복을 가져올 수 있다.

예수님은 지금도 그분을 으뜸이 되게 할 사람들을 기다리고 계신다. 하나님의 사람들이 자신들을 예수님의 직접적인 머리 되심 아래 놓을 때 그 결과는 연합하나됨이다.시 133 언젠가는 그리스도께서 정말로 "만물 위에 교회의 머리"가 되실 것이다.엡 1:22 제외된 그 어떤 것도 없이. 예수님이 교회의 머리로서 오늘날 하시는 사역은 세상을 이 방향으로 움직이고 있다.

제7장
세상의 주인

> 그런즉 이스라엘 온 집은 확실히 알지니 너희가 십자가에 못 박은 이
> 예수를 하나님이 주와 그리스도가 되게 하셨느니라 하니라
> **사도행전 2장 36절**

우리는 예수 그리스도께서 오늘날 하시는 사역에 여러 측면이 있음을 살펴보았다. 예수님은 하늘에 오르신 이후에도 사역을 그만두시지 않았고 휴가를 떠나시지도 않았다. 그 대신, 예수님은 이 세상에서 그리고 우리의 삶에서 적극적으로 활동하신다.

예수님의 이 세상 위에 주 되심은 하나님 아버지께서 그리스도를 죽음에서 일으키셔서 하늘 보좌에 앉히실 때 효과를 발생하기 시작했다. 그 순간, 나사렛 예수는 세상의 진정한 주인이 되셨다. 즉, 모든 권세를 소유

하신 하늘과 땅의 주인이 되셨다.

> 하늘과 땅의 모든 권세를 내게 주셨으니. 마28:18

  그러나 예수님께서 언젠가 이 땅에 돌아오셔서 그분의 발 아래 모든 원수를 두시고 세상의 왕으로서 그분의 합당한 자리를 차지하실 것이다. 이런 일이 벌어질 때 모든 사람은 예수님의 절대적인 주 되심을 깨닫게 될 것이다.

> 이러므로 하나님이 그를 지극히 높여 모든 이름 위에 뛰어난 이름을 주사 하늘에 있는 자들과 땅에 있는 자들과 땅 아래에 있는 자들로 모든 무릎을 예수의 이름에 꿇게 하시고 모든 입으로 예수 그리스도를 주라 시인하여 하나님 아버지께 영광을 돌리게 하셨느니라. 빌 2:9-11

> 그러므로 너희가 회개하고 돌이켜 너희 죄 없이 함을 받으라 이같이 하면 새롭게 되는 날이 주 앞으로부터 이를 것이요 또 주께서 너희를 위하여 예정하신 그리스도 곧 예수를 보내시리니 하나님이 영원 전부터 거룩한 예언자들의 입을 통하여 말씀하신 바 만물을 회복하실 때까지는 하늘이 마땅히 그를 받아 두리라. 행3:19-21와 행2:32-36을 참조

세 가지 복음

마틴 루터는 이렇게 말했다. "세상은 술 취한 농부와 같다. 만일 그를 말 안장 위에 한쪽으로 올려놓으면, 곧 다른 한쪽으로 넘어가버린다." 그리스도인의 삶에 있어서도 마찬가지이다.

1세기에는 세 가지 복음이 있었는데, 그 복음 세 가지는 오늘날도 여전히 우리에게 있다.

율법주의

현대 그리스도인들 중에 율법주의 복음을 받아들인 사람들이 있다. 개혁주의 전통에 있는 신자들은 율법주의를 인간의 행위에 의해 구원 얻으려는 노력으로 국한시키는 경향이 있다. 하지만 은혜로 구원 받은 진짜 그리스도인에게는 율법주의가 그것보다 더 심각하다. 율법주의자들은, 구원은 오직 은혜로 받지만 성화는 "선한 그리스도인"이 되기 위해 애쓰는 스스로의 노력에 의해 온다고 믿는 사람들이다. 율법주의자들은 그들 자신의 개인적인 표준을 다른 모든 사람에게 강요하는 경향이 있다. 율법주의자들은 다른 사람들을 아주 나쁘게 생각하고, 그들의 의도 또한 아주 나쁘게 생각하면서 그들의 동기를 쉽게 비판한다. 그들은 순종을 그들 자신의 힘으로 하나님을 섬기려고 노력하는 것과 혼동한다. 또 그들 자신이 전혀 행하지 않는 것들을 다른 사람들이 하도록 요구한다. 그리고 다른 사람들의 죄가 그들 자신의 죄보다 더 심각하고 심하다고 여긴다. 필립 얀시는 율법주의자들을 다음과 같이 멋지게 묘사했다: "그리스도인들은 자신들과 다른 식으로 죄를 범하는 다른 그리스도인들을 향해 크게 분

노한다.”

율법주의자들은 또한 개입해서 참견하는 것, 또는 베드로가 예리하게 간파했듯이 “남의 일을 간섭하는 자”벧전 4:15가 되는 것이 자신들의 권한이라고 생각한다. 그들은 자기 의에 눈이 멀었고, 그들이 속으로는 더럽다는 사실을 깨닫지 못하고 밖으로 “깨끗한” 것에 자부한다. 이 모든 이유로, 율법주의자들은 무의식 중에 다른 사람들의 삶에 많은 아픔과 고통을 준다. 하지만 슬프게도 그들은 이것과 아무런 상관이 없는 것처럼 보인다.

나는 십대 때 율법주의적 교단을 통해 예수님을 믿게 되었다. 그래서 율법주의 복음에 계속 취해있었고, 율법주의자들에 둘러싸여 있었으므로 스스로 율법주의자라는 것을 깨닫지 못하고 그 상태에 머물러 있었다. 그러나 하나님께서는 나를 불쌍히 여기셨다.

방탕주의

율법주의와 율법주의가 다른 사람들에게 끼치는 폐해에 대한 반작용으로, 어떤 사람들은 방탕주의 복음을 받아들였다. 방탕주의자들은 그들이 원하는 대로 살며 그리스도의 주 되심과 그것이 의미하는 모든 것을 회피하는 사람들이다. 그들은 “은혜 카드”와 “나는 그리스도 안에서 자유롭다” 카드와 “나를 비판하지 말라” 카드를 꺼내며 육신적인 삶을 정당화하곤 한다. 방탕주의자들은 은혜를 육신적으로 살 수 있는 면허로 삼고 그들의 양심을 무마시킨다 유 4

어떤 방탕주의자들은 하나님이 “그것을 상관하시지 않기 때문에” 특정한 죄를 계속 지을 수 있다고 자신을 합리화한다. 그 죄가 가져올 참담한 결과는 개의치 않고. 그러나 죄의 흔적은 다른 사람들의 삶에 불필요한 고통을 야기시킨다. 죄와 사랑은 정반대이다. 사랑은 자신을 희생해서 다른 사람들의 유익을 구하는 것이고, 죄는 다른 사람들을 희생시켜서 자기의 유익을 구하는 것이다. 죄는 이기적이고, 사랑은 이타적이다. 사랑은 죄보다 더 큰 힘이 있고, 즉 하나님의 생명은 사탄의 본성보다 더 능력이 있고, "사랑은 허다한 죄를 덮느니라"는 말 그대로이다 벤전 4:8

어떤 방탕주의자들은 속임수에 깊이 빠져서, 주님께 대한 그들의 반역을 정당화시키려고 예수님을 그들 자신의 이미지로 둔갑시켜 영적인 언어로 옷을 입힌다. 또 어떤 사람들은 더 어긋난 길로 나가서, 실제적인 무신론자가 되어버린다.

율법주의에도 정도의 차이가 있고 방탕주의에도 정도의 차이가 있지만, 위에서 서술한 것이 각각의 전반적인 특색을 말해줄 것이다.

요약하자면, 방탕주의자들은 마치 하나님이 계시지 않은 것처럼 살고, 율법주의자들은 그들이 다른 사람들의 하나님인 것처럼 산다.

둘 다 그리스도의 생명과는 모순된 태도를 갖고 있다.

주 되심과 자유

상황을 더 복잡하게 하는 것은 율법주의자가 자신이 율법주의자라는 것을 알지 못하고, 율법주의자가 아닌 모든 사람을 방탕주의자로 보는 경향이 있다는 점이다. 그리고 방탕주의자는 자기가 방탕주의자라는 것을 모르고 방탕주의자가 아닌 모든 사람을 율법주의자로 보는 경향이 있다는 점이다.

성령이 밝히 비춰주지 않으면 이런 속임수를 깨뜨리기가 보통 어려운 게 아니다. 사실, 우리는 **모두**가 죄를 범했으므로 "하나님의 영광에 이르지" 못한다.롬3:23 그리고 우리는 모두 육신의 더러운 행위와 육신을 따르는 자기 의에서 날마다 우리를 용서하시고, 해방시키시고, 보호하시는 예수 그리스도를 필요로 한다.

율법주의 복음과 방탕주의 복음과는 대조적으로, 예수님과 바울의 복음, 즉 내가 "주 되심과 자유의 복음"이라고 부르는 복음이 있다.

예수님은 구원자이고 주님이시다. 그리스도의 주 되심에 복종하는 것은 한편으로는 육신을 따르는 자기 의의 속박에서 해방시켜주고, 다른 한편으론 육신의 행위에서 해방시켜준다.

율법주의는 그리스도의 주 되심을 위조하는 모조품이고, 방탕주의는 성령의 자유를 위조하는 모조품이다.

그러나 사실, 그리스도의 주 되심에 복종하는 것은 성령의 자유에 이르는 관문이다.

신약성서의 복음은 실재reality에 뿌리를 두고 있다. 즉, 진짜real 예수님에게 뿌리를 두고 있다는 말이다. 그리고 그 복음은 같은 나무에서 생겨난 육신의 더러움과 육신을 따르는 자기 의에서 우리를 해방시킨다. 육신의 더러움과 육신을 따르는 자기 의는 속박을 불러오고 다른 사람들에게 막대한 고통을 야기시킨다. 왜냐하면, 둘 다 하나님 자신이 갖고 계신 생명의 본성인 사랑에 위배되기 때문이다.

내가 나의 영적 여정에서 배운 것 중의 하나는 예수 그리스도께 더 가까이 갈수록 다른 사람에 대하여 덜 비판적이고, 덜 독선적이고, 덜 가혹하고, 덜 이기적일 것이라는 점이다.

그리스도의 주 되심 아래 있는 사람들은 다른 사람들을 진실되게 사랑하는 자유를 갖고 있다. 갈5:1-6

우주의 핵심적 이슈

마태복음 12장24-28절에 의하면, 하나님 나라와 사탄의 나라, 즉 빛의 나라와 어둠의 나라, 이 두 나라가 서로 전쟁 상태에 있다.

당신과 나의 눈에 보이지 않는 영적 세계에서 격렬한 전투가 벌어지고 있다. 이 세상에서 일어나는 모든 일의 배후에 사악한 힘이 있는데, 그 힘은 우리를 지배하려 든다.

이 전투에는 민간인이 없다. 하지만 엄청난 희생이 따른다. 중립인 사람은 한 명도 없다.

예수님은 "나와 함께 하지 아니하는 자는 나를 반대하는 자요"라고 분명히 말씀하셨다 눅11:23

당신이 예수 그리스도와 함께 하지 않는다면 예수님의 원수와 함께 하는 것이다. 당신은 예수님의 나라든지 아니면 다른 나라든지, 둘 중 하나를 돕고 있다.

이 나라들은 둘 다 한 가지를 원하는데, 그것은 **예배**이다.

우주의 핵심적 이슈는 누가 예배를 차지하느냐에 관한 것이다. 누구에게 권세가 있는가에 관한 것이고, 누가 보좌에 앉아 다스리느냐에 관한 것이다.

이것은 오늘날 이 땅에서 벌어지는 모든 일의 배후에 놓여있는 이슈이다.

언제 충돌이 시작되었는가?

시간을 되돌려서 언제 어디서 이 우주적 충돌이 시작되었는지를 알아보자. 그리스도인들은 전통적으로 이사야 14장과 에스겔 28장이 이중적인 의미를 지녔다고 이해해왔다. 그 의미 중 하나는 하늘에서 반역이 일어났었다고 믿는 것이다. 다음 본문은 하나님의 천사들 중 하나였던 루시퍼Lucifer, 계명성에 관한 것이다.

> 너 아침의 아들 계명성이여
> 어찌 그리 하늘에서 떨어졌으며
> 너 열국을 엎은 자여
> 어찌 그리 땅에 찍혔는고
> 네가 네 마음에 이르기를
> "내가 하늘에 올라 하나님의 뭇 별 위에 내 자리를 높이리라
> 내가 북극 집회의 산 위에 앉으리라
> 가장 높은 구름에 올라가
> 지극히 높은 이와 같아지리라" 하는도다. 사14:12-14

자신의 야망, 자기 주장, 자기에게 몰두하는 것 그리고 자만심이 이 천사의 마음 속에 가득했다. 그래서 루시퍼는 타락했고, 다른 천사들을 끌고 갔다.

여기에 성서가 말하는 우리 원수의 이름들이 있다. 그 모두가 우리에게 원수의 특징을 알게 하는 통찰력을 준다.

- 비방자, 마귀라는 뜻마4:1
- 형제들을 참소하는 자계12:10
- 악한 자요일5:19
- 시험하는 자살전3:5; 약1:13
- "이 세상의 임금"요12:31
- 우는 사자벧전5:8
- 도둑과 강도요10:10
- 살인한 자, 거짓말쟁이 그리고 "거짓의 아비"요8:44

창세기 1장26-28절에 의하면, 하나님께서 두 가지를 위해 사람을 창조하셨다.

1. 하나님의 형상을 표현하기 위해
2. 땅을 정복하고 다스리게 하기 위해

아담과 하와가 하나님께 불순종해서 타락했을 때 두 가지가 벌어졌다.

1. 그들은 하나님의 형상을 망쳐놓았다. 인류는 하나님께서 그들을 창조하신 것과는 뭔가 다른 존재가 되었다.
2. 그들은 이 땅을 다스리는 하나님의 권위를 잃어버렸다. 마귀는 아담과 하와의 권위를 강탈해서 이 세대에 땅을 다스리는 통치자가 되었다. 그 결과, 이 땅에서의 하나님의 통치는 훼방 받게 되었다.

달리 말해서, 아담은 하나님에게 대역죄를 범했다. 그리고 그렇게 함으로써, 아담은 이 땅을 사탄의 지배 하에 들어가도록 넘겨주었다. 이것이 왜 신약성서가 사탄을 "이 세상의 신", "이 세상의 임금", "악한 자" 그리고 "공중의 권세 잡은 자"라고 부르는지의 이유이다. 고후4:3-4, 요12:31, 요일5:19, 엡2:1-2

죽음이 아픔, 질병, 가시, 엉겅퀴, 천재지변 그리고 다른 문제들과 함께 이 세상에 들어왔다.

그 날 이후로, 한때 사람들이 지배했던 이 땅은 이제 하나님의 대적의 손 안에 있게 되었다.

사탄이 예수님을 시험할 때, 만일 예수님이 자기에게 절을 하기만 하면 이 세상의 천하 만국을 다 주겠다고 했던 이유를 이것이 설명해준다. 눅4:5-8

하나님의 반응

그러나 하나님은 수동적인 상태로 계시지 않고, 타락한 인류의 결과를 원상태로 돌리려는 행동을 취하셨다. 하나님의 권위를 사람들의 손에 돌려주시려는 계획을 갖고 계셨다.

구약성서는 이 계획의 베일을 벗겨준다. 하나님께서 택하신 아브라함을 시작으로 나라를 세우셨다. 그리고 그 나라를 통해 성서가 "마지막 아담"과 "둘째 사람"이라고 부르는 인자Man가 오셨다.고전15:45,47

마지막 아담의 목적은 최초의 아담이 타락하면서 잃어버린 것을 되찾고 사탄이 획득한 것을 무너뜨리는 것이었다.

하나님 나라가 드러나게 된 것은 인자이신 예수 그리스도를 통해서였다. 그리고 하나님 나라가 현재의 나라에 침투하기 시작한 것은 그리스도의 죽음과 부활과 승천을 통해서였다.

사탄의 나라의 궁극적인 멸망은 그리스도가 십자가에서 죽으심으로 성취되었다.

십자가에서 죽으신 그리스도의 사역은 우주의 핵심적 질문에 대한 하나님의 대답이다. 그것은 악한 자를 멸망시켜서 그가 망쳐놓은 결과를 원상태로 복귀시킴으로써 문제의 근원을 직접적으로 해결했다.

하나님은 그리스도의 죽음과 부활을 통해 두 가지로 타락의 결과를 되돌리셨다.

1. 마귀가 타락 안에서 획득한 것을 그리스도가 십자가에서 되찾으셨다.
2. 그리스도의 죽음을 통해서, 사탄의 법적 지위 전체가 박탈되었다. 이 땅과 사람들에게 행사하던 권위는 폐기되었다.

그리스도는 죽음을 통해서 옛 창조 전체를 끝내셨고, 부활을 통해서 새 창조의 머리가 되셨다.

따라서 사람들이 타락으로 말미암아 잃어버렸던 것을 그리스도가 죽음과 부활을 통해 되찾으셨다.

결과적으로, 그리스도를 받아들이고 그리스도의 주 되심 아래 있는 사람들은 모두 대적의 권세에서 해방되었다.

오늘날 우리에게 있는 전쟁

예수님이 하나님의 대적을 이기고 승리를 거두셨다면 어째서 우리가 2천년이 지난 오늘날 사탄이 활동하는 것을 보는가? 어째서 우리는 여전히 우리 주위에 포진해 있는 죄와 죽음과 저주의 결과를 보고 있는가?

그 대답: 사람의 타락으로 말미암아 하나님의 대적이 획득했던 힘과 권세를 예수님께서 박탈하셨지만, 하나님은 지금 하나님의 사람들이 하나님과 함께 일하기를 기다리시고, 또 이미 다 이루시고, 승리를 거두시고, 위업을 달성하신 그리스도의 역사가 그들에 의해 실행되기를 기다리신다.

하나님은 그분의 일을 다 끝내셨지만, 예수님이 시작하신 것을 완성하시려고 하나님의 사람들을 부르셨다. 또 하나님은 예수님이 모든 것을 마무리하시려고 재림하실 때까지, 성령의 능력으로 하나님의 온전하고 완벽한 통치를 이 땅에 회복시키려고 예수님을 하나님이 계셔야 할 자리에 모시도록 하나님의 사람들을 부르셨다.

영적 승리의 날

다시 말하지만, 오른편우편은 영예와 주권과 능력과 영광의 자리이다. 성서에서 우편에 앉는다는 것은 족장들의 회합에서든지, 하늘에서든지 우월성을 말해준다.

따라서 예수님은 지금 하늘과 땅의 주인이시다. 예수님께서 주관하시고, 지휘하신다.

하지만 뉴스를 켜서 보고 스스로에게 물어보라. 예수님께서 이 세상을 통치하시는 것처럼 보이는가?

오스카 쿨만은 큰 전쟁에 관해 좋은 예 하나를 들었다. 전쟁을 할 때 종종 전투 하나가 전쟁의 결과를 좌우한다.[6] 그 전투 하나에서 이긴 다음 전투의 승자가 누구인지는 모두가 분명히 알 수 있지만, 이 승리 이후에 전쟁이 얼마나 더 오래 지속될지는 말하기가 불가능하다.

공격개시일D-day은 전투를 시작하고 이겨서 승리를 선포한 날이고, 승리의 날V-day은 앞으로 다가올 승리의 축제이다.

예수님은 선과 악 사이의 전투에서는 갈보리에서 이기셨고, 죽으시고 다시 살아나셨을 때 마귀가 지배하는 세계의 막강한 권세를 이기고 승리를 선포하셨다.

이 권세의 가장 강력한 것은 죽음 그 자체이다.

그러나 예수님은 부활하심으로 죽음을 물리치셨지만 죽음은 여전히 활동하고 있다. 하지만 그리스도 안에 있는 사람들에게는 죽음의 쏘는 힘이 무력화되었다. 믿는 사람들은 죽음을 두려워할 필요가 없다. 신약성서에

---

6) Oscar Cullmann, Christ and Time (Philadelphia: Westminster Press, 1964).

의하면, 믿는 자들은 사실상 "죽지" 않고 "잠자는" 것이다. 그들은 진짜 죽음은 맛보지 않는다.

그러나 장래에 예수님은 다시 오셔서 죽음에게 마지막 한 방을 먹이실 승리의 날이 도래할 것이다.

이런 이유로, 디모데후서 1장10절은 예수님이 죽음을 이미 폐하셨다고 했고, 고린도전서 15장26절은 예수님이 재림하실 때 결국 죽음이 멸망 당할 것이라고 한 것이다.

예수님이 십자가에서 물리치신 원수의 막강한 권세는 지금 하나님의 사람들을 지배할 수 없는 "약하고 천박한 초등학문"이다.갈4:9

예수님이 사탄을 물리치시고 죽음을 정복하셨지만, 이 패배한 원수들은 아직도 꿈틀거리고 있다. 하나님의 아들은 아버지의 우편에 계시지만 앉아서 쉬시는 것이 아니다. 휴가를 떠나신 것도 아니다. 예수님은 그분의 몸을 통해 역사하심으로, 원수를 정복하심으로 바쁘게 활동하고 계신다. 왕과 왕의 백성이 승리와 권위로 하나가 되었다.

결과적으로, 예수님은 여전히 이 세상의 통치자들에게 위협을 가하시고, 하늘로 철수하시지 않았다. 살아서 활동하시며 우리의 손과 발을 통해 역사하신다.

한때 우리 중에서 살았던 인자는 하나님의 보좌에 앉아있지만, 밑에 있는 그의 창조 세계에서 벌어지는 일들에서 떠나있지 않다.

주님의 도구

이 세상에 대한 완전한 승리를 위해 주님이 사용하시는 도구는 그리스도의 통치 아래 있고 그분의 생명과 권위를 소유한 사람들의 무리이다. 그들예수 그리스도의 몸은 하나님이 사탄의 머리를 실제적이고 가시적으로 부수는데 사용하시는 도구이다.

에클레시아는 승천과 재림 사이의 빈자리를 채운다.

예수님은 지금 어디에 계시는가? 예수님은 영광 중에 이 땅으로 돌아오실 때까지 하나님 아버지의 우편에서 다스리고 계신다. 그리스도는 "하늘에 오르사 하나님 우편에 계시니 천사들과 권세들과 능력들이 그에게 복종하느니라" 벧전 3:22

이런 이유로, 성서는 예수님을 "땅의 임금들의 머리" 라고 부르고계1:5, 또 모든 통치자와 권세의 머리라고 부른다. 골2:10

하지만 그리스도의 몸이 공격개시일D-day의 실재를 발휘하면서 하나님의 대적을 상대로 전쟁을 벌이면, 예수님이 마침내 재림하셔서 하나님 나라가 "물이 바다를 덮음 같이" 이 땅 전체를 채우게 될 것이다. 승리의 날 V-day이 여기에 도래할 것이다.

> 이는 물이 바다를 덮음 같이
> 여호와의 영광을 인정하는 것이
> 세상에 가득함이니라. 합2:14

그 후에는 마지막이니 그가 모든 통치와 모든 권세와 능력을 멸하시고 나라를 아버지 하나님께 바칠 때라 그가 모든 원수를 그 발 아래에 둘 때까지 반드시 왕 노릇 하시리니 맨 나중에 멸망 받을 원수는 사망 이니라. 고전15:24-26

사탄은 패배한 적군이라 할지라도, 보좌를 장악하고 계시는 하나님의 권리를 부인한다. 그리고 여전히 모든 것을 빼앗으려고 노리고 있다.

그러나 예수님은 이미 사탄의 권세를 멸하셨고, 하나님의 대적은 지금 이 땅에서 떠도는 불법 체류자이다.

사탄의 집요한 책략 중 하나는 사람들로 사탄의 존재를 믿지 않게 하고, 그들이 그들 자신의 진짜 상태를 알지 못하도록 내버려두는 것이다. 사탄의 밑에 깔려 있는 본성은 이기주의이다. 사탄은 거짓말쟁이, 도둑, 살인자 그리고 삼키는 자이고, 사탄이 사용하는 주요 도구는 속임수이다. 요8:44, 10:10; 벧전5:8

이와는 대조적으로 하나님은, 하나님 나라에 들어와서, 하나님을 절대 적인 주인으로 세우고 하나님의 대적을 상대로 전쟁을 치르면서, 그분의 권리를 위해 이 땅에 든든히 서있는 하나님의 사람들을 찾으신다.

일곱째 천사가 나팔을 불매 하늘에 큰 음성들이 나서 이르되 세상 나 라가 우리 주와 그의 그리스도의 나라가 되어 그가 세세토록 왕 노릇 하시리로다. 계11:15

우리 모두가 대답해야 할 우주의 핵심적 질문은 이것이다: 누가 **당신의**

예배를 가질 것인가? 누가 **당신의** 생명을 가질 것인가? 누가 **당신의** 충성을 가질 것인가?

하나님은 그리스도인들로 하여금 예수님의 재림을 기다리게 하는 대신에, 교회가 예수님의 권위를 가지고 사탄의 나라에 손해를 입히는 역할로 나아가기를 기다리신다. 물론 그 역할은 정치적이거나 인간적인 에너지와 힘으로가 아니라, 성령의 능력으로 수행되어야 한다.

하나님께서 합치신 것을 분리시키는 것

나는 일반적으로 회자되는, 다소 판에 박힌 이론에 대해 얘기하고자 하는데, 내가 믿기엔 이것이 신약성서가 하나님 나라에 관해 가르친 것에 어긋나는 이론이다. 그 판에 박힌 이론은 이렇다:

> 예수님이 교회라는 말은 단 두 번 언급하셨지만, 하나님 나라라는 말은 백 번도 넘게 언급하셨다. 따라서 예수님은 하나님 나라 만큼 교회에는 관심을 거의 두시지 않는다.

이것에 대해 들어본 적이 있는가? 어쩌면 당신은 이 이론을 전파했을지도 모른다.

이런 관점을 물고늘어지는 나를 용납해주기 바란다. 잘해봐야 그럴 듯한 토론이 되겠지만.

여기를 보라. 내가 신비한 것을 하나 보여주겠다: 교회가 없으면 하나님 나라도 없고, 하나님 나라가 없으면 교회도 없다.

예수 그리스도는 하나님 나라를 구체화하셨고, 또 그분의 몸과 분리되실 수 없다.

교회가 일정한 지역에서 제대로 역할을 수행할 때, 그 교회는 하나님의 임재를 통한 통치를 그곳에 나타내는 존재이다. 교회는 그리스도를 드러낸다. 즉, 하나님 나라를 표현한다. 그것은 성령 안에서의 의와 평강과 기쁨이다.

교회는 하나님의 통치를 보여주고, 하나님의 주권과 그 주권에 결부된 공의와 자유와 평화를 가시화한다.

교회에서 하나님 나라를 분리시키는 것은 마치 빛을 시각visibility, 눈에 보임과 분리시키는 것과 같다.

그렇다면, 내가 믿기에 "예수님이 교회라는 말은 단 두 번 언급하셨지만, 하나님 나라라는 말은 백 번도 넘게 언급하셨다"라는 주장은 복음서의 피상적인 해석에 기초하고 있다. 그것은 아주 잘못된 방향으로 인도한다.

이런 식의 논리는 "삼위일체가 성서에 한번도 언급되지 않았으므로 아버지와 아들과 성령이 셋이면서 하나라는 말은 거짓이다"라고 말하는 것과 크게 다르지 않다.

신격Godhead, 신성이라는 단어가 신약성서에 단지 세 번 사용되었다고 해서 이것이 신약성서에 이 말이 언급되지 않았거나, 나오지 않는다는 뜻일까? 또는 그것이 중요하지 않다는 뜻일까?

전혀 그렇지 않다.

마찬가지로, 요한복음 14장, 15장, 16장 그리고 17장에는 신격이 넘쳐난다. 요한복음 대부분이 그렇다. 신격이라는 말이 요한복음에 한번도 언급되지 않았을지라도. 그리고 **삼위일체**라는 말도 언급된 적이 없다. 하지만 신격은 요한복음 전체에 선명한 색깔로 드러나 있다.

신선한 관점으로 본 교회

이런 생각을 염두에 두고, 파격적인 말을 해보겠다:

주 예수 그리스도께서 하나님 나라를 언급하고 표현하신 것보다 교회를 언급하고 표현하신 적이 더 많다.

하지만 예수님은 에클레시아라는 말을 사용하셔서 그렇게 하시지는 않았다.

예수님께서 그분이 부르신 제자들의 적은 무리와 3년 반 동안 함께 사신 것을 기억하는가?

그들은 열 두 명에 누가가 말한 "여자들"이 더해져, 아마도 다 합쳐서 스무 명 정도였을 것이다.

그 스무 명은 예수 그리스도의 머리 되심 아래서 삶을 나누며 살아가는 공동체였고, 그리스도는 그들의 삶과 교제의 중심이었다.

달리 말하자면: 그들은 에클레시아의 태아기적 **표현**the embryonic expression 이었다.

신약성서에서 에클레시아교회란 무엇인가? 그것은 그리스도 안에서 공동의 생명을 나누고, 정기적으로 모임을 갖고, 예수님을 그들의 삶 위에 중심으로, 최고로, 머리로 놓는 신자들의 공동체이다.

그 스무 명의 믿는 자들은 왕의 공동체였다. 이것이 에클레시아가 무엇인지를 정확히 말해준다.

각 지역에 있는 에클레시아는 하나님 나라의 전초 기지이다. 달리 표현하자면, 예수님을 주님으로 보좌에 모시는 신자들의 공동체는 각각 이 악한 세상에 있는 하나님 나라의 식민지이다.

따라서 성서에서 예수님과 함께 있는 열두 제자그리고 여자들을 볼 때마다 당신은 에클레시아의 소우주microcosm를 보고 있는 것이다.

그리고 사실상 예수님께서 제자들에게 말씀하시며 "너희" 라는 말을 사용하실 때마다….

> 너희는 세상의 빛이라마5:14

> 너희는 세상의 소금이니마5:13

> 보혜사가… 너희에게 모든 것을 가르치고요14:26

> 나는 포도나무요 너희는 가지라요15:5

… 예수님은 교회를 가리키신다.

덧붙인다면, 요한이 "우리" 라는 말을 사용할 때는 주로 교회에 대해 말한다: "우리가 다 그의 충만한 데서 받으니 은혜 위에 은혜러라."요1:16

예수님께서 "한 알의 밀이 땅에 떨어져 죽지 아니하면 한 알 그대로 있고 죽으면 많은 열매를 맺느니라"요12:24라고 말씀하신 것을 기억하는가? "한 알의 밀"이라는 문구는 교회를 가리킨다.

예수님께서 자신의 형제들을 가리키셨을 때는 어떠한가? "너는 내 형제들에게 가서 이르되 내가 내 아버지 곧 너희 아버지, 내 하나님 곧 너희 하나님께로 올라간다"요20:17

또는 예수님께서 요한복음 17장에서 제자들을 위해 기도하시고 다음과 같이 말씀하신 것은 어떠한가? "내가 비옵는 것은 이 사람들만 위함이 아니요 또 그들의 말로 말미암아 나를 믿는 사람들도 위함이니."요17:20

"나를 믿는 사람들"은 누구인가?

교회이다.

주님의 "형제들"은 누구인가?

교회이다.

공관복음에는 하나님 나라에 대한 특별한 언급이 85번 등장하고, 요한복음에는 다섯 번 등장한다. 따라서 복음서 전체에 하나님 나라에 대한 특별한 언급이 모두 90번 등장한다.

이것을 앞에서 예를 든 교회에 대한 수많은 언급과 비교해보면, 하나님 나라에 대한 것이 수적으로 열세이다.

복음서를 제외한 신약성서의 나머지 책들사도행전부터 요한계시록을 보면, 하나님 나라라는 말이 31번, 교회라는 말이 77번 나온다.

형제들brethren이라는 말교회 안의 형제들과 자매들을 모두 일컫는 말은 사도행전부터 요한계시록까지 249번 사용되었다.

교회 안의 믿는 자 개개인을 일컫는 **성도**saints, holy ones라는 말은 60번 사용되었다.

그렇다면, 위의 모든 것을 종합해 볼 때 교회와 하나님 나라 사이에 싸움 붙이는 것을 그만두어야 하지 않겠는가?

그런 싸움을 붙이는 것은 복음과 신약성서 전체의 대세를 거스르는 것이다.

따라서 주 예수 그리스도를 하나님 나라에서 분리시킬 수 없고, 예수 그리스도의 교회를 하나님 나라에서 분리시킬 수 없다. 하나님께서 하나로 합치신 것을 아무도 나누지 못할지니라.

요약하자면, 예수님은 이 땅의 참 주인이시고, 교회는 이 사실을 가시적인 실재가 되게 하는 예수님의 도구이다.

제8장
오늘날의 예수 그리스도

예수 그리스도는 어제나 오늘이나 영원토록 동일하시니라
히브리서 13장 8절

그렇다면, 오늘날 예수님은 누구인가?

그는 우리가 기억하고 모방해야 할 존재인가? 아니면 살아서 활동하며, 특정한 사역을 가진 존재인가?

우리는 앞에서 예수님의 승천이 오늘날 하시는 사역의 출발점이었음을 살펴보았다. 예수님은 자신의 숙명에 도달했을 때, 또한 우리를 위해서도 거기에 도달하셨다.

그리스도는 아브라함도, 모세도, 여호수아도, 다윗도, 그 누구도 인도할 수 없었던 곳으로 우리를 인도하셨다.

예수님은 대제사장으로, 즉 제물을 드리는 자와 제물로서 하나님 아버지께 자신을 드렸다. 우리가 그리스도 안에 있기 때문에, 하나님 아버지께서 예수님을 받으시듯이 당신과 나도 받아주신다.

그리스도는 하늘로 오르실 때 인간의 몸을 버리시지 않았다. 주님은 여전히 영광스러운 인간의 몸을 입으신 인간 예수이시다. 고린도전서 15장에서 바울은 영광스러운 예수님의 몸을 "영의 몸"이라고 불렀다.고전15:44 이것은 예수님이 유령이라는 뜻이 아니다. 그것은 부활하신 후 예수님의 새롭게 된 육체에 성령이 활기를 불어넣었다는 뜻이다. 예수님은 자신의 영광스러운 몸 안에서 음식을 먹고 마실 수 있었고, 또한 벽을 뚫고 들어오실 수도 있었다.눅24:13-35; 요20:26

결국, 예수님은 승천 이후에도 성육신을 이어가셨고 우리 인류를 자신 안으로 받아들이셨다. 주님은 우리 인류를 폐기하지 않고 자신과 함께 하늘의 차원으로 가지고 가셨다. 그리고 우리의 육신을 입고, 우리를 하나님 아버지께로 데리고 가셔서 하늘의 빛나는 영광으로 들어가셨다.

신학적으로 말하면, 승천은 예수님의 성육신이 지속됨을 드러낸 것이고, 아버지와 아들과 성령이 우리 인류를 하나님의 품으로 영원히 받으셨음을 의미한다.

예수님은 인간인 자신과 하나님인 자신을 취하시고, 모든 원수를 "그 발 아래" 두실 때까지고전15:20-28 하나님-인간으로서 세상 위에서 다스리신다.

우리는 하나님의 공동의 사람으로서, 오늘날 이 땅에서 계속되는, 예수님의 성육신과 임재이다.

예수님은 실패했는가?

사람의 눈으로 보면, 예수님의 사역은 두 가지 면에서 실패로 끝났다: (1) 대부분의 제자들이 예수님에게서 돌아섰을 때 갈릴리에서 실패한 것이다. 그리고 (2) 제자들이 예수님을 버리고 십자가에 달려 돌아가실 때 실패한 것이다.

그러나 그리스도의 일은 계속되었다.

예수님은 아버지에 의해 다시 살아나셨고 하나님의 우편에 오르셨지만 엡1:20-22; 골3:1; 히1:3, 7:26, 8:1, 10:12, 은퇴하셨거나 세상과 분리되시지 않았다. 그 대신, 예수님은 오늘날의 사역을 시작하셨고, 예수님을 따르는 사람들과 역동적으로 함께 하셨다.

예수님을 따르는 사람들은 예수님 없이 예수님의 일을 수행하지 않았다. 아니, 예수님은 그분의 사역을 그들과 함께 나누셨다.막16:19-20; 행1:1-2

하나님의 일은 오늘날 여전히 그리스도의 일이다. 예수님은 그분의 보좌에서 그것을 수행하시는데, 눈에는 보이지 않지만 예수님을 따르는 사람들 안에서, 그리고 그들을 통해서 성령으로 활동하신다.

사도행전을 더 정확하게 묘사하자면 "사도들을 통한, 부활하신 그리스도행전" 이라고 부를 수 있다.

그리스도가 사람의 눈에 더는 보이지 않지만 여전히 그분의 제자들을 통해 활발히 역사하신다. 예수님은 우리를 원격으로 조정하시지 않고, 성령으로 우리와 함께 계신다. 예수님은 일이 돌아가게 조작해놓고 그냥 타성에 의해 계속 굴러가도록 내버려두시는 분이 아니다. 아니, 예수님은 직접 일을 주관하신다.

예수님은 여전히 현재형으로 보이지 않는 하나님의 보이는 형상이시다.골 1:15 예수님께서 그분의 사람들을 통해 활동하시는 것을 볼 때, 우리는 하나님을 보는 것이다. 예수님은 여전히 사람의 얼굴을 지니신 하나님이다.

참 자유

예수님은 우리의 중보자로서, 구약시대의 대제사장이 이스라엘의 이름을 그의 어깨와 가슴에 짊어졌듯이 그분의 어깨와 가슴에 우리 이름을 짊어지신다.

하나님 아버지의 우편에 앉아계시는 그리스도의 자리는 **안식**을 나타낸다. 즉, 그것은 완성되고 다 이루어진 일을 나타낸다. 더는 해야 할 일이 없다는 뜻이다. 하나님 아버지는 예수님의 피를 완전하게 그리고 영원히 받아들이셨다.

십자가에서 죽으신 예수님의 희생은 단번에 이루어졌지만, 예수님의 중보 사역은 영원하다. 예수님은 영원토록 하나님의 아들이시고, 사람의 아들인자이시다.

예수님은 대제사장으로서 자신의 흠 없는 완전함을 근거로 중보하신다. 그것은 마치 예수님께서 아버지께 "그들을 위해 나를 받아주세요. 나의 죄 없는 완전함을 기초로 그들의 불완전함을 모두 다 사해주세요"라고 말씀하시는 것과 같다.

하나님의 임재 안에서, 예수님의 막강한 완전함은 우리의 죄에 대한 대답이다. 그러므로 우리는 우리 자신으로 하나님 아버지 앞에 나아가지 못하고, 그리스도 안에서, 그리스도에 의해서 그리고 그리스도를 통해서 하나님께 나아간다. 그리고 하나님은 그리스도 안에서 우리를 만족하신다. 고전1:30

이런 이유로, 예수님은 우리에게 영원한 구원의 근원이 되신다. 히5:9

그래서 우리가 우리를 위해 중보하시는 예수님에 관해 말할 때 예수님은 그분이 하신 일을 아버지께 상기시키시지 않는다. 아버지께서 어떻게 잊으실 수 있는가? 또는 예수님께서 내키지 않는 하나님 앞에서 그분의 희생을 호소하는 것이 아니다.

십자가에서 죽으신 존재로 하늘에 계신 그리스도는 가장 위대한 기도와 중보를 제정하셨다. 그리스도의 상처는 예수님의 끊임 없는 기도이다. 예수님은 그 기도로 하나님의 보좌로 지속적이고 자유롭게 나아갈 수 있는 길을 보장하셨다. 히4:16

죄책감 곧 죄에 물든 양심은 그리스도의 피가 아닌 그 어떤 것으로도 깨끗하게 될 수 없다. 죄를 위한 인간의 다른 어떤 희생도 필요 없다. 예수님의 죽음은 단번에 영원히 드린 제사였다. 히 9:26

예수님이 우리를 향해 열려 있는 차원으로 들어가셨으므로, 우리는 그곳에 들어가기 위해 죽을 날을 기다릴 필요가 없다. 영생은 **지금** 시작되는 것이다. 휘장은 찢어졌고, 지성소에 들어가는 길이 열렸다.

더 놀라운 것은, 우리의 큰 대제사장이신 예수님께서 "에클레시아 한 가운데서" 우리의 예배를 인도하신다는 사실이다. 그리스도는 성령을 통해 우리 가운데 오셔서, 반갑게 맞아주시는 아버지께 우리의 찬양과 예배를

드리신다. 교회를 통해, 예수님은 우리의 찬양을 인도하심으로 아버지께 노래하신다.히2:12, 8:1-2

그러므로 예수님은 우리의 믿음을 온전케 하실 뿐만 아니라 우리의 예배도 온전케 하시는 분이다.

이것은 또한 우리의 기도 생활과 관련이 있다. 우리는 하나님 아버지와 아들 사이의 교제 안으로 들어간다.요일1:1-3; 고전1:9 예수님은 우리가 드리는 기도의 대상일 뿐만 아니라 수단도 되신다. 그리스도는 우리의 대제사장으로서 성령으로 우리 안에서 그리고 우리를 통해서 기도하신다.롬8:26-27

신약성서에 의하면, 기도는 그리스도 안에서, 그리스도를 통해서 그리고 그리스도에게 드려진다.

예수님의 막강한 이름

성서에서 사람의 이름은 그 사람이 누구인지를 대표한다. 따라서 초기 그리스도인들이 "예수님의 이름으로" 무엇을 했을 때 그들은 예수님의 임재와 권위로 그것을 한 것이다.

그러므로 예수님의 이름으로 무엇을 하거나 말하는 것은 하나님께서 위임하신 위임장을 제시하는 것이나 마찬가지이다.

예수님 자신이 예수님의 이름과 연합되어 있으므로, 신약성서는 예수님을 믿는 것과 예수님의 이름을 믿는 것을 동일시한다.요1:12, 2:23, 3:18; 요일5:13

부활하시고 승천하시기 전에, 예수님은 제자들에게 그들이 예수님의 이름으로 아무것도 구하지 않았다고 말씀하셨다.요16:24 하지만 승천하신 후에는 예수님의 이름으로또는 예수님 자신으로 무엇이든 구하면 아버지께서 그들에게 주실 것이라고 하셨다.요16:23, 14:13-15

제자들은 예수님의 이름으로 귀신을 내쫓고 병자들을 고쳤다.막16:17-18; 행3:1-6,16, 16:18; 약5:14

"천하 사람 중에 구원을 받을 만한 다른 이름"은 없다.행4:12 예수님의 이름은 다른 모든 이름 위에 있고, 하나님께서 하늘과 땅과 땅 아래에 있는 "모든 무릎을 예수의 이름에 꿇게" 하셨다.빌2:9-11

이상할 정도로 희미함

예수님의 승천은 우리가 다른 세계, 다른 차원, 다른 나라에 속했음을 보여준다. 그러므로 우리는 그리스도인으로서 우리 자신을 이 세대와 동일시해서는 안 된다. 그것이 국가든, 문화든, 인종이든 관계없이. 우리는 예수님이 머리가 되시는 새로운 인류에 속했다. 우리는 "신성한 성품에 참여하는 자"벧후1:4로서 우리로 하여금 민족주의와 인종차별주의와 문화전쟁을 초월하도록 능력을 주는, 지속적인 변화의 원천을 갖고 있다. 그것은 우리가 종종 이 세대를 지배하는 사소한 갈등들 사이의 빈자리에 서서 화해시키는 사람들이 되기 위함이다.

예수님의 승천은 교회가 오늘날 이 세상의 파당을 조장하는 영에 사로잡히지 않아야 할 것을 우리에게 보여준다. 우리는 지나가는 이 옛 세상 안에 집을 소유하고 있지 않은, 새 하늘과 새 땅에 속한 사람들이다.

승천은 통치자들과 권세들에겐 하나님의 "아니다"이고, 하나님의 아들에겐 하나님의 "그렇다"이다. 예수님이 승리하셨기 때문에 다른 주인은 없고 오직 예수님뿐이다. 행2:36

역사적으로, 그리스도인들은 이 세상과 관련해서 세 가지 주된 오류를 범했다. 예수님의 승천을 올바로 이해한다면, 각각의 오류를 고칠 수 있다.

그 오류들은…

문제 1: 세상을 등지는 것

해결책: 예수님의 승천에서, 그리스도의 몸은 예수님이 세상에서 그리고 세상을 위하여 활동하시는 것이다. 그리스도인들은 어두운 세상 안의 빛과 소금이다. 예수님이 사람의 몸을 입고 이 땅에 계셨을 때를 상기하면, 예수님의 주요 임무는 하나님 아버지가 하시는 일을 보는 것과 그 일에 자신을 드리는 것이었다.

오늘날, 우리의 주요 임무도 예수 그리스도께서 하시는 일을 보는 것과 그 일에 자신을 드리는 것이다. 따라서 우리는 이 세상에서 물러나는 것이 아니고, 이 세상으로 들어가서 예수님이 가시는 곳은 어디나 따라가는 것이다.

문제 2: 하나님 나라를 이 땅에 건설하려는 것

해결책: 예수님의 승천에서, 예수님은 그분의 에클레시아를 통해 지금

이 땅에 하나님 나라의 얼마만큼을 가져오시지만, 오직 재림하실 때 그것을 온전히 가져오실 것이다. 하나님 나라는 이미 여기에 있고, 또 아직 오지 않았다. 우리는 우리 자신의 힘으로 하나님 나라를 건설할 수 없다. 그리고 그 나라의 왕보다 그 나라를 먼저 건설할 수 없다.

문제 3: 세상을 본 받는 것

해결책: 예수님의 승천에서, 그리스도는 그분의 내재하는 생명의 능력으로 그분의 사람들 안에 사신다. 이 생명은 우리를 이 세상과 구별되게 하고, 또 세상의 가치와 구별되게 한다. 그것은 우리가 더 높고, 더 특별한 부르심에 응했기 때문이다. 주님의 승천은 또한 예수님이 주인이신 것을 증명한다. 따라서 예수님을 따르는 사람들은 색다른 핵심 궤도를 따라 움직이는 다른 나라에 속한 것이다.

우리는 세 가지 문제들과 해결책들을 모두 살펴보면서 성서에 있는 모순과 마주치게 된다. 그리고 이 모순을 이런 식으로 표현할 수 있다: **하나님이 세상을 이처럼 사랑하사 대 세상을 사랑하지 말라.**[7]

우리는 우리의 영 안에 영원한 생명을 가지고 이 땅에서 살아간다. **에클레시아**는 이 땅에 있는 하늘의 식민지이다.엡2:18-22; 빌3:20-21; 벧전2:9-12; 히 11:13-16

성령은 그리스도가 임재의 실재로서 우리에게 예수님이 살아가셨던 바로 그 생명을 우리에게 나누어 주신다.

---

7) 더 자세한 것은 http://frankviola.org/lovenottheworld에서 "For God do Loved the World"라는 컨퍼런스 메시지를 들을 수 있다.

성령은 오순절에 영광을 받으신 예수님의 영으로 오셨다. 성육신하시고, 십자가에서 죽으시고, 높임을 받으신 그리스도의 영으로 오신 것이다. 성령은 인격이신 예수님 안에 있었던 사람과 하나님이 하나였던 생명을 취해서, 그 생명을 하나님의 사람들에게 나누어 주려고 오셨다. 그리고 그리스도는 세상 끝날까지 우리와 항상 함께 계시겠다고 약속하셨다. 마28:20

예수님이 승천하셔서 하늘 보좌에 앉으셨음을 아는 우리에겐 마지막 승리에 대한 확신이 있다. 만일 우리가 이 약속들에 주의를 기울이고 그 약속들 안에서 안식한다면, 이 사실이 인생의 시련과 시험 중에서 오는 두려움과 우울함과 불안에서 우리를 해방시켜줄 것이다.

무슨 일이 벌어져도, 그리스도는 여전히 보좌에 계셔서 주관하신다. 어제의 예수님이 오늘의 예수님이고, 언젠가 내일의 예수님이 되실 것이다.

우리를 대표하는 사람으로 오신 인자Man는 목표를 성취하셨다: 선구자가 우리 모두를 위해 길을 내신 것이다.

우리는 하늘의 부르심에 동참한 사람들이고히3:1, 하늘의 길을 개척하는 사람들이다.

예수님은 하늘과 땅 위의 권세를 가지셨다.

예수님은 하나님의 영원한 목적을 보장하시고 "많은 아들들을 이끌어 영광에 들어가게" 하시려고 위로 올라가셨다.히2:10; 엡4:8 그리고 하나님은 그분의 무한하신 사랑과 자비 안에 감춰두신 이유를 위해, 그리스도가 오늘날 하시는 사역구속하고 거룩하게 하는 사역에 우리를 동참시키셨다.

우리는 오직 믿음의 눈으로만 이 실재들을 붙잡을 수 있다.

나는 내 친구 바비 마이어즈가 한 말로 이 책을 마치고자 한다. 내가 2004년에 남 캘리포니아의 지역 교회에서 예수 그리스도가 오늘날 하시는 사역에 관한 일련의 메시지를 전했는데, 바비는 그 교회의 지체였다. 내가 집에 돌아온 후에 그녀는 내가 거기서 전한 메시지에 대한 그 교회의 생각을 이메일로 보내기 시작했다. 다음은 바비가 보낸 그 이메일 중에서 발췌한 내용이다:

인자이신 예수님 안에 삼위일체 하나님 모두가 한 육체에 거하셨습니다. 십자가는 예수님을 찢어 열었고, 그 열린 틈을 통해 하나님의 생명이 준비된 존재 안으로 들어가 재현되었습니다. 그것은 대제사장으로서의 예수님의 역할이 이 세상에 표현된 것입니다. 예수님께서 인자로서의 경험을 아버지께 드려서, 하나님의 영 안에 있는 이 경험이 하나님의 아들과 딸로 부르심을 받은 사람들 안으로 주입된 생명 안에 들어가게 하셨습니다. 나는 불완전한 사람이지만, 나의 연약함은 전처럼 나를 괴롭히지 않습니다. 그것은 단지 그리스도 밖에 있는 나입니다. 나의 죄들이 나를 힘들게 하지만, 하나님께서 해결책을 제공하셨습니다. 내가 내 대제사장의 이름을 부르기만 하면 항상 흐르는 그분의 피가 내 삶의 천에 있는 더럽혀진 실에 닿아서 그 광택을 되찾아줍니다. 대언자이시고, 중보자이시고, 하늘의 변호사이신 주님이 얼마나 미쁘신지요!

이것이 오늘날의 예수님이다!